图解 **精益制造** *017*

知识
设计企业

知識デザイン企業

［日］绀野登 著

张舒鹏 译

人民东方出版传媒
People's Oriental Publishing & Media

東方出版社
The Oriental Press

图书在版编目（CIP）数据

知识设计企业／（日）绀野登 著；张舒鹏 译. —北京：东方出版社，2013.5
（精益制造；17）
ISBN 978-7-5060-6347-0

Ⅰ.①知…　Ⅱ.①绀…　②张…　Ⅲ.①制造工业—工业企业管理　Ⅳ.①F407.406

中国版本图书馆 CIP 数据核字（2013）第 107704 号

CHISHIKI DESIGN KIGYOU by NOBORU KONNO
Copyright © NOBORU KONNO 2008
Simplified Chinese translation copyright © ORIENTAL PRESS.2013
All rights reserved.
Originally Japanese language edition published by NIKKEI PUBLISHING INC.
Simplified Chinese translation rights arranged with NIKKEI PUBLISHING INC.
through BEIJING HANHE CULTURE COMMUNICATION CO.,LTD

本书中文简体字版权由北京汉和文化传播有限公司有限公司代理
中文简体字版专有权属东方出版社
著作权合同登记号　图字：01-2010-8016 号

精益制造 017：知识设计企业
（JINGYI ZHIZAO 017：ZHISHI SHEJI QIYE）

作　　者：[日] 绀野登
译　　者：张舒鹏
责任编辑：崔雁行　高琛倩　孙　雪
出　　版：东方出版社
发　　行：人民东方出版传媒有限公司
地　　址：北京市西城区北三环中路 6 号
邮　　编：100120
印　　刷：万卷书坊印刷（天津）有限公司
版　　次：2013 年 6 月第 1 版
印　　次：2021 年 9 月第 4 次印刷
开　　本：880 毫米×1230 毫米　1/32
印　　张：10.125
字　　数：211 千字
书　　号：ISBN 978-7-5060-6347-0
定　　价：38.00 元
发行电话：(010) 85924663　85924644　85924641

目录

001

第 **6** 章

艺术型企业具备的条件 251

后记 302

前言
"强化制造论"的陷阱

日本人一直以来都被看作是性格内向的种族。不过人们也认为，日本人也会根据环境的变化，有时彰显外向的性格，有时却又表现出内向的一面。在从中日甲午战争、日俄战争到第二次世界大战之间的时期，不但作为一个国家是外向的，在 20 世纪 80 年代的泡沫经济时期，整个社会也是外向的。那么现在又是怎么样？笔者看来似乎内向的一面更强——"茧居"的社会现象就是一种体现。

如果从积极的一面来解释内向的时期，则可以看作是"为了复苏或实现下一个飞跃而蓄积能量的时期"，出于这一观点，最近在日本国内，"日本人论"形成了一股潮流。环视世界，与 20 世纪 80 年代相比，世界对日本的关注度明显降低了许多。不过，通过笔者与欧美朋友的交流所切实感受到的是，他们在惊讶于日本最近的社会现象的同时，也感到存在于日本企业、日本社会乃至文化根源中的力量在今后会对世界产生某些意义（并不只意味着经济复苏）。虽然有妄自尊大的嫌疑，但笔者认为日本尚未被唤醒的可能性还是很大的。

而在另一方面，最近"生产制造"论在日本成为一个很热门的话题，这种论调提出要重视日本企业一直以来所传承的"手艺人"式的技能和"内隐知识"。笔者也曾在拙著《美德的管理》（与野中郁次郎老师共著）中谈到过手艺人智慧的方式，但同时也指出，仅靠这一点是不够的。在此笔者甘冒被误解的风险也要表明个人的观点：越是强调"生产制造"，就越不应当"茧居不出"。当然，当内向的一面占据上峰时，希望强化自己的强项（核心竞争力）和战略的意识高涨也是可以理解的。然而，自己认为强的，未必就能够在不断变化的环境里成为"制胜的因素"。这也就是所谓"核心竞争力的陷阱"。

日本固然在制造业具有优势，但制造业毕竟是工业社会时代的产物。于是在当今知识经济社会的大环境下，必须重新找到自己的位置。确实，制造业占整个产业的比例很大，但如果只停留在古典式制造业的级别，则会产生"机会损失"。然而遗憾的是，日本企业一直没能从固有的供应逻辑（supply-side）下的日用商品思维定势和追求高效管理的死胡同中挣脱出来。

全新的企业模型——"艺术型企业"

有这么一个小故事：某日本设计师在上海开了一间工作室，最初的打算是通过雇请中国设计师，在海外向日本企业提供低价的设计服务。但是不久之后却发现：找上门来要"通常"价格服务的，是当地的中国企业。理由是借助日本设计的优势力量，可以进军欧美市场参与竞争。他们瞄准的目标明显是高品质市场。拘泥于低廉价格服务的，反倒是日本的企业。

本书想要解决的问题正在这里。也就是说，20世纪80年代到90年代所谓的"品质管理"已经显露出了它的局限性，现在的世界正在向"创新管理"转变。如今的时代不是过去的延续，要产生出全新的知识，创造的力量变得必不可少。

这并不是说否定了生产制造。正相反，单纯的"从物到事"的观点是错误的。在过去的几年里，笔者看到了太多企业忘记了"生产制造"的精神、转换为依靠服务（事）勉强维生的事例。即使是在软件这种无形的商业里，也存在软件这种"物"。比如SAP或Salesforce. com等，在保持"物"的同时如何更好地"事化"已成为生存的关键。至少对于日本企业而言，重要的是把"物"制造进"事"中，或者说"物"的"事化"，而不是"从物到事"。

本书的观点认为，要想摆脱以技术为基础的工业社会模式，必须发挥审美的能力，即设计的作用。并且，在我们现在所直面的"创新经济"的背景下，本书以知识管理的思考

003

方式为基础，提出了全新的企业和管理模式——"艺术型企业"。

艺术型企业，就是从事"知识设计"的企业。所谓知识设计，就是"知识创造×设计"，即"假设推理思维"与"人造物的设计"的融合——在接触实践第一线与物品的基础上同时创造物与事的过程。这也意味着除了重视物品的质量，同时也要设计出人性化的、体验和过程的品质（无名特质）。同时，这也是深入大众、深入社会，以创造并实现理想之志对各种要素进行汇总的行为。这也是取代分析式手法的管理学知识方法论（不是方法），应该会发挥重大的作用。

本书在正文中会提到，艺术型企业是创新经济时代中企业应有的一种姿态，也就是说，可以将其视为方案（scenario）或"理想类型"。笔者无意将其说成是包治百病的良方，读者若能在构想企业和自身的未来时，将其作为一种理念并加以实践，就达成了笔者的初衷。

同时，期待并接受这样的艺术型企业的，是成熟的消费者和生活者们。他们越来越多地出现在全球各地，拥有全新的意识（消费者意识）和主体性。在过去的日本，从江户时代（1603—1867年）到明治时代（1867—1912年）手艺人制造业繁荣的背后，不也有丰富的市场和顾客们的支持吗？没有顾客的存在，就不可能有制造业的产生与发展。新型消费者们所期望的，不是千篇一律且肤浅的全球性名牌，也不是经过市场营销策划（已被定位）的高级品牌。虽然看似矛盾，

但他们想要的是强调地域特色和文化性，特别是重视环境与
生态系统、以人为本的产品和服务。而与他们共同创造出具
有全新意义的产品与服务，也正是艺术型企业的使命。

丰富的企业案例

笔者在担当企业咨询顾问的同时，有机会在日本多摩大
学管理学院的硕士班教授"知识管理论"，以及"概念设计方
法论"和"未来设计"等课程，本书的一部分取自上述课程
的教学内容。特别是后者，站在社会科学方法论的立场对未
来学、情景规划等进行实践，其相关课程过去在管理学院是
从来没有开设过的。本书对这些实践内容也进行了一些介绍，
相信从该管理学院毕业的诸位同学会有一定的印象。

关于本书的结构，首先在上半部分，第 1 章将介绍艺术
型企业作为从事知识设计的企业，如何登上历史舞台以及当
时的背景，并阐述创新管理周期的兴起。在第 2 章，围绕
"产品"自身的概念变化进行考察分析。换句话说就是，物与
事之间的关系发生了变化。在第 3 章，将阐述一个创新经济
时代的企业，必须在根本上具备"真诚"的资质，并分析
"真诚"之所以重要的理由。

在本书的后半部分，第 4 章将对本书的核心进行展望，
即作为方法论的知识设计。在第 5 章（及补充论述），将进一
步向有兴趣的读者介绍知识设计方法论的具体实践方法。其
中，补充论述总结了创造智慧与知识的方法论的方法和技巧。

005

第 6 章（最终章）在进行全书总结的同时，再次对前文所介绍的艺术型企业所具有的经济和社会意义进行分析与考察。

以上即为全书的结构，笔者尽量列举了欧美企业和日本企业的丰富案例，以期望读者们对"艺术型企业"的概念有更生动的理解。

阅读本书的读者群或许大多是从事商品开发或制定研究企划的工作人员、设计商务战略或市场营销战略概念的有关人员、企业的设计部门员工等，同时笔者也希望营造（提供）知识创造的场所的相关人士，比如人事、总务、实习培训等部门的有识之士阅读。

最近几年，笔者在经济杂志上陆陆续续地发表了一些文章。在日本经济新闻出版社宫崎亮一先生的热情鼓励下，笔者以"知识设计"为主题将这些文章重新进行整理归纳，于是诞生了本书。事实上，自《智力管理》（1995 年）的出版算起，笔者与宫崎先生已有 10 多年的老交情了。此刻，笔者不禁想起当《智力管理》一书获得《金融时报》博思艾伦的"全球商业书籍奖"最优秀奖时，与宫崎先生应邀一同出席在伦敦举办的颁奖仪式的情景。

在撰写本书的过程中，除了整理零散的稿件和演讲汇报的资料，还收集了来自各方的访谈和听证会取得的资料。其中，在设计领域，笔者从 KnowledgeX 代表人渡边英夫先生、日本三星设计中心主任吉田道生先生、笔者的朋友美国 IDEO 的特别研究员（同时也是斯坦福大学设计教授）瓦利·凯茨先生那里得到了宝贵的意见和灵感。同时，凯瑟琳·多卡迪女士（英国）、田中顺子女士和向江美绪女士分别在外国企业案例研究、本书的结构组织、资料分析等方面给予了宝贵的意见与建议。日本产业设计振兴会也在提供各种资料上给予了本书大力的支持。多摩大学研究生院毕业生山崎茂树协助笔者进行了案例研究。此外，在撰写本书的同时，日本经济新闻出版社为纪念日立制作所设计本部成立 50 周年启动了出版计划，关于设计与创新部分，笔者与日立制作所设计本部长大泽隆男先生及政次茂贵先生以及共同参与编辑出版《书籍与计算机》的成员仲俣晓生先生进行了合作，受到了很大的启发。笔者借此机会向上述各位致以最诚挚的感谢。最后，对于设计在全局上的动向及意义，FCSD（英国特许设计师协会）特别研究员绀野久美给予了笔者诸多宝贵意见，在此郑重表示感谢。

绀野登

2008 年 1 月

Chapter 1

创新经济与艺术型企业的兴起

1　面向创新周期的大转变

从品质运动转向创新运动

对于 21 世纪初的企业、特别是制造业而言，最大的挑战在于如何发挥"创新能力"，即向"创新管理"发起冲击。

近几年来，与管理相关的实务人员和研究人员对创新的研究以及相关见解表示出越来越浓厚的兴趣。这是因为人们正逐渐认识到，组织要想创新并维持长久的发展，就必须具备创造能力。

虽然现在的日本企业迫切需要引发创新，然而本书所谓的创新，并不意味着获得单纯用来解决问题、活跃思维的技巧和手法：比如怎样在组织或团队中对几个人的创意进行调整，以及如何构建一个可操作的互动过程来实现上述调整，或者如何激发一个人的内部动机并使其带来成果。

对创新的挑战是一场事关企业生死存亡的斗争，企业需要毫不迟疑地迅速赶上这一刻正在发生着的管理上的智慧变革（即范式的转变），置身其中，重生为一个符合创新管理时代要求的新组织。

现在，在席卷全世界商业的大环境下，一场"品质运动对创新运动"的对抗正在不断白热化。《为未来而竞争》的合著者、伦敦商学院的教授加里·哈默（Gary Hamel）曾在《商业周刊》中发表过如下轰动性的发言：

"美国企业完全掌握品质运动的精髓用了 20 年时间。同样地，转换到创新运动恐怕也要再花 20 年时间。"

20 世纪 80 年代，美国企业曾对日本企业进行过彻底的研究，通过重新认识戴明理论的价值，在 90 年代实现了举世瞩目的经济复苏。爱德华兹·戴明（Edwards Deming）博士的质量管理理论曾经把日本带进了经济增长的轨道，而美国的企业领会这一理论，用了 20 年的时间。也就是说，哈梅尔预测美国的企业要实现下一波的创新管理运动，从现在算起可能同样需要再花 20 年的时间。

在象征创新运动的市场竞争者中，我们首先能够想到的是谷歌（Google）这样的公司。与 20 世纪 90 年代流行的网络泡沫公司相比，谷歌最大的不同之处在于其有组织的创新，这能够从他们层出不穷地推出的各种服务中观察出来。

现任会长兼 CEO，E. 施密特（Eric Shcmidt）这样讲述自

003

己初识谷歌时受到震撼的经历：

"当我最初来到谷歌时看到，创始人谢尔盖和拉里十分重视艺术家与工作的直接对话，这种行为让重要的创新自然而然地涌现出来。他们已经在谷歌里建成了一种管理风格与文化，促使艺术性的探索与创新不断成长。而我的工作，就是要尽自己的全力去维持这种氛围。"

谷歌就是这样鲜明地向人们展示了一个崭新时代的到来。2006年的营业额达到了106.5亿美元，与前年相比增加了72.8%；而营业利润达到了35.5亿美元，同比增长76%。

事实上，该公司采取的独特的创新管理手法早已闻名于世。在公司里，来自各种不同领域的研究员以及熟悉工作第一线和用户的工程师所提出的创意让人应接不暇。公司鼓励他们在同时进行的数百个项目里自行选择参与多个项目，并许可他们拿出工作时间的20%，除自己负责的工作之外，在个人感兴趣的领域内自由选择项目参加。

在这种鼓励创新的环境下，几乎所有的创意和点子都会在6个星期之内以大踏步的速度实现为具体的新软件或服务，即以"公司内部应用"的形式拿来评估。如果在公司内受到好评，下一步就交给用户去评价，用该公司的话来说，就是在"0.1%的狂热用户"评估之后，在几个星期之内决定该工程项目的命运。而且，为了推动这种创新循环的运转，谷歌推出了以下"十大黄金定律"：

①组织委员会严格招聘。

②满足员工的所有需要。

③拉近员工距离。

④使合作简单协调。

⑤身体力行，使用自己的产品。

⑥鼓励创新。

⑦尽可能统一意见。

⑧不作恶。

⑨数据决定决策。

⑩有效地交流。

谷歌创新管理的方法，就是营造出培养和评估智力（知识财产）的场所（空间），并把这种行为发挥到出神入化的地步。虽然人们对其做法褒贬不一，但他们的方法体现出了创新管理的本质。在当今的知识社会里，仅靠以往的数字鸿沟，已无法拉开价值上的差距。不但只靠信息技术无法产生价值，而且当今，通过分析过往的案例和信息推导出倾向（trend）的意义也越来越不明显。也就是说，我们现在所处的时代里，只有这样的企业才可以生存发展下去：它必须拥有知识创造出的差异，即具备超出同行的技术和技巧以及能根据环境变化而随机应变的感性，并能够生产和提供知识，在理解市场的前提下实现顾客的价值。

与此同时，研究开发投资的效率需要得到不断的提高。人们已经认识到，需要冲破一直以来的技术限制，跳出旧式革新的圈子。 在这样的背景下，挑战"创新"越来越成为一个至关重要的课题。

另一点笔者想要指出的是，创新管理的企业会有一个令员工感觉非常舒适的工作环境。 不少日本企业过度追求高效率，从而导致社员产生了严重的心理疾病。 与其呈鲜明对比的是，谷歌在 2007 年《财富》杂志选出的"100 家最适宜工作的公司"（100 Best Companies To Work For）排行中名列首位。 当选的最重要理由并不是因为薪水如何，而是因为"工作很快乐"。

"首席文化官"与"幸福度调查"

谷歌自 2006 年夏天起，在公司内新设立了一个叫作"首席文化官"（Chief Culture Officer）的职位。 当然，想出这一点子的人正是拉里·佩奇（Larry Page）和谢尔盖·布林（Sergey Brin）。 担任第一代 CCO 的是谷歌的文化旗手——斯泰西·沙利文（Stacy Sullivan），她在某次采访中谈到了该公司开展的"幸福度调查"（happiness survey），这也一度成为热门的讨论话题：

"过去几年里，作为年度企业全球调查的一个环节，我们都会组织'幸福度调查'。最早在四五年前，拉里和谢尔盖提出要调查员工的幸福程度、并找出什么因素能够把员工留在谷歌里。我们的意图是调查出员工对公司的投入度如何、导致这种投入度高低差别的因素是什么以及员工和直接管理员工的负责人之间有哪些不同。调查的结果主要集中在了开拓和发展职业生涯上。也就是说，较之给予他们认股权或增加他们的年薪，开拓他们的职业规划反而成为了焦点。"

在他们的言谈中出现的关键词——具有艺术感、有探索精神、诚实守信、为整个世界工作的使命感、追求幸福等，所有这些都告诉了我们在创新运动中一个组织应该具有怎样的管理方式。

2005 年秋天，在旧金山举办的 web2.0 峰会上，谢尔盖出乎意料地出现在会场，并在采访的开篇明确声称"过去 7 年里谷歌成功的最大因素是'运气'"，震撼了整个会场。

只要回顾谷歌自创业以来走过的历程，就可以知道这番开场词既不是谦虚也不是自嘲，而是他坦诚率直的表露。

"当我们还是研修生时，我们怎么想就怎么做，到后来我们才发现自己做出了有用的东西，并希望能发挥更强力的影响。我们讨论过公开源代码以及与大学进行合作，不过都遇到了很大的困难。因为要让我们交计算机使用费，而我们很缺钱。"（出自上述采访）

正如他所说，他们并非看清了未来形势才树立起崇高的理想，创立谷歌的。 恰恰相反，正是他们凭着年轻人涉世不深的纯粹的好奇心，才向那些经验老道而精明的计算机科学家们不屑一顾的创意迈出了第一步，其后便只是一味地如痴如狂地去解决每天不断发生的新问题。 此外谢尔盖提到了

"运气"，运气在很大程度上可以看作是互相竞争的那些优秀的工程师们逐渐丧失了兴趣、好奇心以及兴奋和士气后，最终自己把自己赶出创新运动而导致的结果。所以说这种精神层面的资质是比什么都重要的。

如今，他们正试图把自己培育出来的全新的商业模式作为一种"文化"来继承。CCO 在采访中提到的由 1.2 万名员工构成的"扁平的"组织是否真的可以顺利运作？为了全世界的进步而贡献个人的才能、为此感到幸福、在充满兴奋感的状态下不断工作——这种状态究竟能维持到什么程度？这些正是他们面临的挑战。

美国的企业已经开始向创新管理的方向迈进，这也可以从宝洁公司（Procter & Gamble，以下简称 P&G）或通用电气公司（General Electric Company，以下简称 GE）等代表美国的大公司做出的不懈努力中看出——它们曾经为六西格玛管理理论倾尽全力，实现了高度的品质管理，而现在它们也在公司里设立了创新健身室等，以顺应这样的变化。不过，引领创新管理的谷歌等先锋集团和以向创新管理大转变为目标的 P&G 及 GE 等后继集团（以及日本各公司）之间，还存在着险峻的鸿沟。

创造经济的三点特征

笔者曾在《创新管理策略》（2004）一书中提到，20 世纪的企业管理及组织运营的基础范式如今正在发生巨大的变革，而这个变革是从"分析范式"到"创新范式"的断续性变化。 同时我们也已经踏入了"创新经济"的时代。 在该书中笔者为了唤起读者的认识，提示了各种案例中隐现的变化的具体表现，同时提出了新潮流的方向，即"创新经济的三点特征"。

①创意和知识成为经济价值的源泉，作为新型产业领域逐渐兴起（idea economy）。

②在创新型产业和现有产业中，提供创意的新一代人崭露头角，而这一代人大展身手的全新社会即将到来（art economy）。

③新时代的企业和组织的变化（转变为 innovation economy 或以知识为基础的管理、组织）。

这种变化的潮流在本质上所意味的，并不是多媒体内容产业或媒体调研等创新型产业的崛起——毕竟这些不过是其中一种体现。 真正重要的是，形成经济基础设施及实体的钢铁产业、能源产业以及运输服务等产业正在向着创新型知识产业"共同进化"（co-evolution）。

比如说，在产业的核心位置确立一种"知识化"的进程，去解决客户存在的问题、产生出新的知识、并创造出弥补问题的特殊产品或服务等。 或者也可以说是与社会保持紧密联系的同时，在与市场共存的状态下创造知识，即构建一个"知识链"。 此外，这一潮流向企业要求的，并不是单纯在公司内部建立管理知识财产的机制这么简单的问题。 实际上现今的企业必须在更深的层次上认清自己的存在价值并尽快展开变革。

在《创新管理策略》一书中，笔者提到了创新范式的管理所必须具备的条件，即"设计的智慧"。 毕竟现今的世界已经跃入了创新经济的时代。

那么，时代要求企业开展的本质性变革究竟指的是什么？ 笔者将其作为焦点，把企业由"分析范式"向"创新范式"转换时所必须尽快做到的变革整理为参见表1-1。

表1-1　向创新范式管理转变

分析范式的管理	创新范式的管理
稳定的市场	市场界线的消失与融合
市场框架内部的环境变化	突破市场框架的巨大变化
竞争优先的市场地位	面向未来的视点
明确的竞争对手	无法预测的竞争对手
资源的积累、保护	资源的开发、内在化
知识共享的有效性	创造知识的必然性
非连续的、或渐进式的革新	日常的、有组织的、可持续发展的革新
理论分析式的手法、机制的重要性	假说推理的手法、经验的重要性

分析范式的管理	创新范式的管理
用于榨取（运用现有技术和资源）的管理技能	用于开发（创造新技术、资源，开展创新）的管理技能

在创新经济中，创新已然不是"偶尔为之"的事情，同时也不只是技术部门或科研所的问题，而已经成为整个组织的日常课题。 在时时刻刻变化着的经济中，全世界的大公司都在不遗余力地把创新的习惯扎根到包括企业文化层次在内的方方面面。 也就是说，必须把在组织第一线上能够不断引发创造革新的知识创造的类型、过程、场所及网络等作为文化彻底植入到组织中去。

应该有很多读者会说，对于上述问题已有深刻的理解。然而出乎意料的是，在日本企业中能够认识到这样的变化并付诸实践的公司和个人似乎寥寥无几。 但是，很多行业已经出现的状况表明，将既存的结构作为前提，仅靠分析性的竞争策略无法应对这些变化。 长此以往，将无法跨过鸿沟并追赶上创新运动的潮流。 如果一味原地踏步，那么日本一直以来引以为豪的制造业优势也终将被那道鸿沟所埋葬——贯穿本书的危机感也正在于此。

分析范式为何功效不再

一直以来，企业在稳定的市场框架下与互相熟悉的对手进行着竞争，但在如今，跟那些初来乍到或是始料不及的对手切磋已经成了家常便饭。 与此同时，企业本身也在进行着转变。 比如苹果公司（Apple）原本是一家电脑公司，后来通过 iPod 和 iTunes Music Store 革新了音乐软件、硬件产业，现在已然变成了经营音乐业务的公司。 同时随着 iPhone 的推出，苹果的变化还将继续下去。

"Mac、iPod、AppleTV、iPhone，这里面只有 Mac 可以看作是'电脑'。我们对此进行了深思熟虑，我们的名字也应该要体现这一特点。"

2007 年 1 月，伴随着史蒂夫·乔布斯的如上发言，他宣布将公司的名字"Apple Computer"中去掉"Computer（电脑）"一词。

此外，在汽车制造业，单纯进行汽车生产销售的时代也在进行着转变。 本田（HONDA）、丰田（TOYOTA）已经率先提出要参与到"Mobility"的产业中。 本田开发双足步行机器人，推出"本田·喷气机"，试图参与到私用飞机市场中。虽然计划在 2010 年实施生产，然而在投产前已经接到了来自美国的 100 多架的订单。 同时，丰田也对飞行器、交通系统 ITS 等 Mobility 表示出了浓厚的兴趣。 而佳能（CANON）则看好了 DNA 芯片的量产，表明要进军医药品行业，据说所使用的量产方法会应用到该公司打印机的喷墨技术。

20 世纪的范式，是只要扎实地分析市场、制定策略、并把能得到的资源进行最优分配，就能够在竞争中取胜并获取利润。

然而在今天，到处都发生着无法预测的竞争，并且出现了技术的组合（hybrid innovation），所以竞争的维度也发生了变化，同时诞生了新的价值。现在企业最大的敌人是固有的成见和所谓的"常识"，所以自然而然地也需要在策略上讲求突现性。比如意大利、多莫斯设计学院的安德烈·布兰奇（Andrea Branzi）就说过，"虽然改善确实可以产生价值，但是价值不大。如今越来越具有价值的，是那些人们不曾期待过的惊奇"。

比如活力门公司（livedoor）将势力伸向了棒球界和广播行业；曾属于出版行业的日本软件银行（SoftBank）把日本电信（Japan Telecom）收入自己旗下并占据了电信行业的一角，开始角逐手机市场的霸权。此外，随着相机的数字化与网络化，产品与行业的面目也发生了巨大的变化。戴尔公司（DELL）销售等离子显示器等，震撼了家电行业。合作与购并，产生了一系列迄今为止人们不曾想到过的智力的合作。由于维度的变化，试图单纯实现差异化或避免被模仿的策略也不再奏效。

分析范式为何功效不再？首先，分析范式讲究通过分析缩小目标，以此求得"正确答案"。然而如今，重中之重的"正确答案"已经再也找不到了。这是由于要想分析就需要以过去的数据作为对象，而且会受到思维定势的限制，总希望以逻辑手段寻找唯一的答案。 但是现在世界上充满了无法预测的事情，如果根据固定的"正确答案"实施策略的话，则无法迅速地对应出其不意的事态。

而创新范式却与此相反，不靠分析而凭假说在商业中应战。 不过，谁也说不准假说是否能够成功应验。 所以建立假说不是为了一发即中，要考虑到多个不同的方向，站在场景变化（multiscenario）的角度思考策略。 换句话说就是，不要通过分析过去实现差异化，而要有观瞻多元化未来的眼光。

视点放置的角度不同，能看得到的景观也就千差万别。现实无时无刻不在发生着变化，而我们本身却容易拘泥于对事物固有的认识或偏见。 重要的是要树立什么样的前提，或者说，要首先质疑一下这个前提。 如果前提就不正确，当然不会看到真相。 创新式的范式不认为只存在一个唯一的正确答案，这与分析式的范式采取"确定性手法"呈鲜明对比，可以看作是"非确定性手法"（参见第 6 章）。

2 创新管理的旗手们

前面所述的谷歌是一个极具代表性的案例。 不过现在，虽然可能不像他们那样是新兴企业，也可能没有他们那样的话题性，然而在全球范围内也已经逐渐涌现出一些经营者和企业家，他们看到了"创新性"的巨大力量并成功地创造出了"综合"性的价值。

014

苹果公司的史蒂夫·乔布斯（Steve Jobs），星巴克（Starbucks）的霍华德·舒尔茨（Howard Schultz），发明了真空吸尘器的英国戴森公司（Dyson）的詹姆斯·戴森（James Dyson），以及维珍航空公司（Virgin Atlantic Airways）的理查德·布兰森（Richard Branson）等，都可以称得上是创新的代表人物。现在就让我们回顾一下他们走过的历程。

史蒂夫·乔布斯与苹果

苹果公司于 2007 年度创造了超过 240 亿美元的销售额以及约 35 亿美元的纯利润。公司的创始人、时任 CEO 史蒂夫·乔布斯发觉到了设计能带来的价值，是开创个人电脑世界的领军人物之一。

"我无限热爱自己所做的事情。我坚信这是推动我一直走到今天的唯一的力量。"

在 2006 年 6 月 12 日举行的斯坦福大学毕业典礼上，他所做的演讲一度成为世界关注的话题，他的话语至今还令人记忆犹新。在这次演讲上他向学生们寄语，"你们要找到自己无比钟爱的事情"。

虽然乔布斯在大学中途退学，但他仍然留在大学继续学习。他的大学是全美美术字课程领域里首屈一指的学府。

"我已经退学了，所以不必再跟其他学生一样选课去听。于是我选了一门美术字的课程，学习怎么写出漂亮的美术字。

015

我学习了字母的字体，学会了如何根据活字的组合调整字间距，还学会了如何做出漂亮的字体。美术字的世界充满了美感与历史感，其中精妙的艺术要素是用科学无法辨别的。一旦走进了这门学问，我就再也无法自拔了。

对于当时的我来说，从这些学习的内容中根本看不出什么能够对我的将来起到实际的作用。然而在 10 年后，当我们设计最初的苹果机时，那些之前学过的东西就仿佛活过来一样。而且我把它们全部都设计进了苹果机里，于是最终创造出的，就是世界上第一台具有了漂亮的印刷字体的电脑。假如当年我没有从大学退学，就不会去听那门课，也就不会诞生出拥有多种格式和专业字体的苹果机。"

也就是说，如果当年的苹果机不具备那种美感，那么不用说模仿苹果机制造的 Windows，恐怕任何一台个人电脑都不会具备如此优秀的印刷技术。

苹果公司创业时期诞生的个人电脑——Apple II，被世人看作是一件艺术作品。可以说 Apple 的全部一切都来源于乔布斯过去对美的体验和感受，由此一点一滴串连构建出来。

"向前展望是看不到点与点的串连的。在座的各位所能够做的，就是回顾过去并把一点一点串连起来。也正因为如此，你们必须深信，虽然现在这些点看起来支离破碎，但总有一天它们必将以某种方式联系在一起。无论是自己的性格、命运、人生、因缘……不管是什么，都要相信它。点和点肯定会在自己将要走过的人生道路的某处连为一体。当你抱有这样的信念时，你才能够坚定信心去走自己向往的道路。"

乔布斯这样总结自己的经历。

然而，苹果公司的管理并不总是一帆风顺，从创业时起问题就时有发生。乔布斯被开除出公司后，在开发产品方面，他的那种艺术家精神和手艺人式的秉性被抛到了市场策略的身后。可想而知，苹果公司急剧衰落了下去。

1997 年，当乔布斯回归苹果公司后首先做的，就是把公司从"管理"以及"策略"和"分析"等非人性的管理束缚中解放出来，并把处于深深压迫中依然流淌在公司内的创造性鲜血重新注入到组织的每条血管。于是他以年薪 1 美元为条件，开始了"临时 CEO"的工作。他以这样的雇佣关系向内外宣明，自己重返苹果公司不是为了赚钱来的。

于是，他根据初级用户和专业用户分别将产品线缩小到了 4 种台式机和笔记本电脑。终于在 1998 年 2 月，给一直以来被奉为圣域的掌上电脑（PDA）"牛顿"的生产，划上了终止符。

乔布斯将精力集中在创新性上，为筹集公司内外的资产倾尽了心血。

"虽然当时我还不知道，但后来我终于明白了，被苹果公司开除是我人生经历中最棒的事。不再有作为一名成功者的重负，取而代之的是重新回归一个菜鸟的轻快感觉。于是，虽然我对世间万事不再像曾经那样充满信心，但由此换来的自由解放了我，让我度过了一段人生中最有创造力的时光。"

当时的《财富》杂志（2000 年 1 月刊）在有关苹果公司变革的文章中，把乔布斯评作一名 CAO（Chief Aesthetic Officer，首席审美官），称他的责任不在于通过力量或策略引领改革，而在于通过设计和审美在公司内外进行沟通并产生革新——他的功绩确实无愧于一名审美官。于是在 1 年多后，iPod 登上了历史的舞台。

2001 年 11 月 17 日第一代 iPod 发售，装载了 5GB 的硬盘（可放入约 1000 首歌曲），这台 MP3 播放器的背面被打磨得如同镜面一样闪闪发亮。"iPod"、"iTunes" 和 "iTunes Music Store" 三者实现了硬件、软件、服务的完美融合，由此带给了人们不同以往的音乐体验——说这一切的一切都体现了首席审美官乔布斯的审美感性，想必不会有人对此提出异议。现在苹果公司的设计采取封闭式手法，完全不进行用户调查，乔布斯本人作为一名超级用户，让英国的设计负责人去具体实现他的构思（参见第 2 章）。

乔布斯与苹果公司的历史，甚至有人称之为一个证明普通的企业策略是如何无法发挥作用的案例。确实，在苹果公司这样的企业里，艺术及手工艺的完成度决不单单停留在产品功能和广告宣传的层次上。笔者认为，乔布斯作为一个领导的管理方式，仿佛是其内在的热情自然而然地迸发出来一般，这不单向我们描绘出了在创新模式下身为一名经营者的鲜明轮廓，同时也为我们指明了创新管理的航向。最重要的，是审美上的判断力，以及实践中的智慧。

据说乔布斯甚至有这样的逸事：在作家杰弗里·扬（Jeffery Young）与剧作家威廉·西蒙（William Simon）合著的《缔造苹果神话》一书中提到，乔布斯家的洗衣机出现故障而决定新买一台时，他与妻子花了两个星期一起去寻访"最完美的洗衣机"——这大概就是一个对设计有着强烈执著的人生活中最真实的一面吧。

作为一项产品，iPod 具有极高的完成度。下一章将对 iPod 以及其造就者乔布斯的思想进行细致的讨论。苹果公司拥护乔布斯这样的人担任经营者，他们一直以来创造出的产品与服务，是以往的品质模式下生产不出来的。想必各位读者通过以上简略的故事片断也能够充分地理解到，品质管理的方法论，即使再怎么千锤百炼，也绝对不可能生产出如同 iPod 一样的产品。

霍华德·舒尔茨与星巴克

意大利式咖啡馆所营造出的空间氛围给了霍华德·舒尔茨（Howard Schultz）很大的影响，为了在美国重现出这种气氛，他在设计上下足了工夫。

星巴克成立于 1971 年，自从西雅图的第一家店开张以来，到 2006 年已经有了巨大的发展——在全世界 37 个国家开设有 1.2 万家以上的店铺，雇佣了约 14.5 万名员工（包括非正式员工），每周向 4000 万人次的顾客提供服务。

现任 CEO 舒尔茨于 1987 年得到当地投资家的支持购买了该公司。 实际上，舒尔茨在 1983 年就进入该公司工作，并于 1984 年成功开设了采用全新营业方式的试营店。 因为这次的成功而设立的新公司（子公司）在 1987 年反过来收购了星巴克，舒尔茨以这种方式担任了星巴克的 CEO。 在此之后，他把当时仅有 11 家店铺、员工 100 人的本地咖啡柜台式连锁店发展成了现在的世界级品牌。

舒尔茨的父母都是贫困的工人，由于从小就体验了艰苦的生活，他在经营管理上坚持了彻底的员工本位的原则，星巴克哲学的唯一特征就在于此。 所以在星巴克，从不会听到那句大众听惯了的套话：顾客就是上帝。 同时，该企业也是第一家向占全体员工 65% 的临时工提供全面的健康补助金和持股制度的企业。 向员工提供知识以及学习技能的方案，"坚定决心，以全体员工共同成为成功者为目标"（出自霍华德·舒尔茨等著《将心注入：星巴克咖啡王国传奇》），正是该公司得到长远发展的推动力。 同样，该公司也像谷歌一样位居《财富》杂志"100 家最适宜工作的公司"的前列（2007 年第 16 位）。

一提起星巴克，我们不由马上想到其令人印象深刻的店铺和商品。 他们对设计具有极大程度的关注，不同于一般企业多雇用外部的设计师和建筑师，星巴克将其看为公司内的一部分，请人担当组织内部设计师。 从店铺设计到各种咖啡产品的"标志化",顾客的整个"星巴克体验"全部由他们自主设计。

伴随着店铺数量的急剧增长以及对新建店铺初期投资额的不断增加,舒尔茨陷入了进退两难的境地:一方面要大幅度削减经费,而同时还不得不创造出次世代的设计以保证顾客不会因为店铺的增加而失去新鲜感。 不过,他并没有选择把设计交给外部负责以此来削减经费的方法。 相反,他独自确立了通过投资创造性而压倒性领先对手的方式。

1994 年,星巴克修订了发展方针,"进一步提高店铺的设计质量,达到在竞争对手中出类拔萃的水准"。

"为了不让创造的源泉枯竭,在星巴克中心的深处设有一间机密工作室。 在这间屋子里,由艺术家、建筑家、设计师组成的小组为次世代的店铺设计紧张忙碌着。 没有几个人知道这间工作室的存在,只有几个人有房门钥匙,至于其他人则必须在保密书上签字才允许进入。 由于这项计划进行得极为秘密,以至于在 1996 年底当该公司发表新的设计时,给予了世人强大的冲击。"

舒尔茨向设计小组说明了星巴克店铺应该具有的理想形态,即"货真价实的咖啡体验、宽阔通畅的正面入口、迅速的服务、能享受到宁静时刻的饱满而充实的氛围"。 并且要求他们开发出"伴随着饱满感和质感的抒情而优美的设计",以及"不能只局限在改变色调、改变使用的木材、添加新式座椅的水平上,要设计出能够百分之一百二十体现出星巴克个性、把星巴克体验的精华浓缩于一体的店铺"。 可以说，舒尔茨追求的设计，并不是局限在直观的颜色和外形上的设计，他的设计能够把源于人们的内心体验通过文化及神话的素材表现出来。

这是当时设计小组的领导赖特·玛西（副总经理）经常挂在嘴边的话：

"一个好的设计，并非仅仅颜色优美就好。……能够让顾客碰到平时可望而不可及的东西，这才算是一个好的设计。"

设计小组排除了一切古板而生硬的东西。 为了酝酿出包含多种不同要素的手工作坊的氛围，运用了现代化的手法，创造出了浪漫、具有神话色彩、醇厚而温馨的设计。 我所构思的调制意大利式咖啡的艺术性也被加了进去。 ……他们避免了单纯而整齐划一的设计，并把地、火、水、风的四元素（应该是源自希腊哲学。——作者注） 与调制咖啡的四个阶段——即"栽种"、"烘焙"、"滤泡"、"闻香"——逐一关联起来，实现了一套体系复杂的设计。 通过这样的设计，每个店铺的基础设计既使用了独自的色调、照明以及素材，同时也在更加宏观的概念上得出了和谐统一的 4 种扩展样式。

舒尔茨回想到，经过了这样一个过程，每一个参与设计的人都体会到了仿佛临盆般的剧痛，"我精心构想出来的理想形态让他们受尽了折磨"。 据说设计小组的领头人赖特在组织策划时深受其苦，他一直胡思乱想，认为自己要么会被开除，要么会因为带来的变革过于巨大而招来怨恨被人枪击。

舒尔茨所追求的星巴克体验，正是在这种艺术性与创新性的终极结合下诞生的。

风险设计师戴森

英国的家电生产商戴森的创始人詹姆斯·戴森（James Dyson），本人不仅是一名设计师，同时还是一个风险创业家。让戴森公司的名字驰名全球的，是该公司生产的真空吸尘器。这种吸尘器配备了双气旋技术，并带有一个透明的吸尘盒，可以看到吸入里面的垃圾。戴森于 1993 年创业，仅在 10 年里就急速成长为一个每年有 2.27 亿英镑销售额的企业。

戴森公司的双气旋技术，是一种通过双重结构的离心分离的方式，把灰尘从空气中过滤出来的技术。其实这项技术的产生就来自于戴森本人的创意：让吸引灰尘的气流形成气旋状（cyclone），然后利用由此产生出的离心力把灰尘从空气中分离出来。由于把细小的灰尘从空气中分离了出来，所以戴森公司的吸尘器吸引部分的网眼不会被堵塞，从而保证了极高的吸引性。事实上，在戴森公司产的吸尘器内部，能产生出 15 万 G（重力）的离心力。15 万 G 的力量到底有多大？比如 F1 车手在极速行驶时所受的重力加速度是 3G——这才不过是 15 万 G 的 5 万分之一。所以说，戴森公司的吸尘器内部产生的力量是超乎人们想象的。

在过去，吸尘器的排气口都是喷嘴状的，而戴森公司的吸尘器使用了特殊过滤器，不但能完全除去微小灰尘，还形成了一个排除空气的系统，所以排气变得非常顺畅，而且再也不会让家里的小孩引发过敏症状。 戴森本人曾经受过吸尘器污染室内空气之苦，正是来源于他的切身体会的逆向思维，让戴森的产品被选为英国政府环境部门推荐产品的第一名。

真空型吸尘器的诞生，并不是因为身为设计师的戴森本身具有什么特殊的才能。 他也是一个拥有创造力和热情的人，克服了资金不足的问题和被剽窃等困难，在 5000 次失败面前没有低头，历经 12 年一心致力于实现商品化，终于发明出了真空型吸尘器，并且仅在公司成立的短短几年时间内就将其培养为欧洲首屈一指的家电生产商。

到了 2003 年时，在英国每 4 户人家中就有 1 户使用戴森公司的吸尘器。 公司成立的 10 年间，已向全世界输送出超过 1000 万台产品——这是一个发明家面对保守的英国家电产业孤军奋战、直到创造出巨大市场价值的故事。 正因为他的亲身经历，面对英国曾引以为豪的发明精神正在逐渐消失的现象，戴森有时会吐露出愤怒与慨叹，他是这样说的：

"对于那些人们常常以为（永远不可能得到改善）的日用品，我关注它们，并对其进行了细致的观察——这就是我取得成功的原因。进步需要具有不拘泥于既往概念的水平性思考（爱迪生式手法），并在一次次的经验中得以实现。"

024

在英国，"戴森"甚至成为了表示革新意识的代名词。他的革新并不是狭义地纯粹在技术的优越性和功能上寻求与对手间的差异化，而是站在"为人服务"的立场上，以强烈鲜明的体验作为创意的突破口，孤身一人向行业的庞然大物和所有的固有概念发起挑战，并最终抓住了成功。

"最重要的是在所有方面都与人不同。之所以这么说，是因为不好就不行。从灵感突现的瞬间到管理事业的阶段，都要与其他人不同。并且要把握住一切。"

戴森凭借自己的执著而改变了世界，他的故事为那些被迫在闭塞的状况下追求创新的工程师、真心希望能够从事创造性工作的设计师以及对产品设计有兴趣的学生等各类人群树立了如何创造新产品的榜样，并带去了自信的力量。身为一名当之无愧的创新管理旗手，具有以人为本的本质视角以及哲学的思考是比什么都重要的。

理查德·布兰森与维珍集团

喜欢穿一件休闲羊毛衫出现在各种不同场合的布兰森，还是一位曾驾驶热气球飞越过大洋的冒险家。只要有消费者在某个行业没有获得最满意的服务，那个行业就有维珍（Virgin Group）进军的机会。正因为如此，他们的生意才会不断引发出维珍革命。

维珍集团是由会长理查德·布兰森爵士带领的全球化企

业集团。 一直以来，维珍都被视为品牌战略的一个成功典范：1970 年时，当初还只有十几岁的布兰森创办了一家旧唱片邮购公司，而现在，他已经拥有了以维珍航空公司为首，包括了音乐［维珍大卖场（Virgin Megastores）、V2 唱片（V2 Records）］、影院、旅游航空［维珍假日（Virgin Holidays）］、铁路［维珍铁路（Virgin Trains）］、金融［维珍理财（Virgin Money）］、移动电话［维珍移动（Virgin Mobile）］等 200 家以上的相关公司、在全球 29 个国家拥有约 5 万名员工，2006 年的销售额为 200 亿美元。

在大多情况下，人们认为维珍主要是通过低廉的价格和高质量的服务进行竞争的品牌企业。 在最近英国举行的一项调查中，维珍超过了索尼（Sony），被选为"最值得称赞的企业"。

而且，有人也认为，"维珍最终极的标志，当然就是布兰森本人"［艾克（Aaker）等著《品牌领导》］。 布兰森总以一身休闲服装出现在媒体面前，他所象征的叛逆精神，或许在表层上形成了一种品牌溢价。 然而，维珍的本质是"拥有尖端品牌的风险投资组织"，而并非一个单纯以品牌形象为策略的公司。

维珍的使命是"走在创新革新的先端"。 最初的生意维珍唱片［其后卖给了百代唱片（EMI）］由于敢向一直从艺人和乐迷"榨取"钱财的保守派老牌唱片公司挑战，受到了广大年轻人的拥护。 而当维珍可乐［维珍饮料（Virgin Drinks）

的前身] 成立时，某记者曾评论道："我感到布兰森设立维珍可乐，几乎不是为了赚钱，而在于向可口可乐这一巨型企业发起挑战。" [戴斯（Des），迪亚拉夫（Dearlove）：《全球品牌塑造大师理查德·布兰森：维珍集团董事长经营成功十大秘诀》]

为消费者和顾客提供符合价格的价值、品质、创新、乐趣、竞争及挑战，这就是他们的使命。 他们的创新意味着创意无限、摩登而且时尚有型的设计。 其中一个例子就是维珍铁路的新型服务列车——pendolino 摆式列车（面向未来的设计与服务的高铁）。

"我们百分之一百坚持，作为对顾客与员工的义务，将来在经济方面的增长一定会以坚守道德并可持续发展的商业模式为本。如果没有胆量不断创新，就开发不出革命性的新产品，也找不到新的商机。我认为，革新和创造性是维珍文化的精髓，我们的集团事业是依靠率先抓住创新带来的机遇取得成功的。"（理查德·布兰森，摘自维珍集团网页 http：//www. virgin. com/RBp/whatisProjectAwware. aspx）

支撑该集团企业不断成长的，是布兰森招贤纳士并委以重任的经营风格。 构成该集团的小公司平均员工人数为 250人，结成了一张有力的人才网。 由于布兰森本人就没有受过高等教育，所以他在引进人才时不会因为学历不够而将人拒之门外。 这种体制大大提高了从他们之中产生出下一个风险

027

投资人的可能性。 虽然该公司没有上市，无法了解其经营的准确情况，但该公司以稳健扎实的经营而闻名。 只不过，该公司进入某个市场快，撤退或卖掉也很快。

维珍集团不仅仅关心当前的消费者产品，同时也广泛地关注环境问题及社会问题。 比如维珍联合（Virgin Unite）就是一家以员工和普通人为共同对象的国际性慈善机构。 于2007 年 2 月 9 日启动的项目 "地球挑战奖（Earth Challenge）"就是一项用来拯救地球的环保创意悬赏。 他们已经盯住了完全不同的商业模式。 该集团最近从整体性质来说越来越向一个 NPO 靠拢。

看步与罗伦佐·弗朗萨

看步（Camper）生产的独具特色的鞋子闻名于世。 该公司的历史，也是一个关于坐落在西地中海的马略卡小岛上一个家族长达一个世纪以上齐心协力制鞋的故事。 虽然直到1975 年才以看步的名义成立公司，然而作为一个家族产业，该企业制鞋的精神、哲学以及品质，从其 120 年的发展史中体现得淋漓尽致。

看步这个老字号仅仅用了最近十几年时间，就已发展为在全世界 60 个国家设立 3800 家店铺并拥有 80 家直销店的国际性品牌。 2004 年该公司销售鞋子超过了 300 万双，营业额约为 1.8 亿美元（《商业周刊》）。

然而，看步长期以来坚持的原则并不是销售鞋子本身，而是向顾客出售在地球上"优雅漫步"的体验。 而且从某一时期起，该公司将目光投向环保，制作了一种鞋子，其鞋底是经过循环再利用的轮胎，由此一炮打响而备受消费者推崇。 从此以后，该公司不断制作有创意的鞋子，让全世界的消费者体验"知性的漫步"，为他们提供步行的愉悦。

"看步（Camper）"一词在加泰罗尼亚语里意味"农夫"。他们最初制作并引起消费者关注的"变色龙"，其实是农民们一直穿着的、重新利用了废旧轮胎的"鞋子"。 1988 年该公司在巴塞罗那设立了第一家店铺，随后于 1992 年向海外进军。 该公司的产品以其魅力四射且充满人情味的设计而备受好评。 其公司的理念，是以地中海的当地农村所特有的传统文化为基础，同时又向生活在全世界大都市的人们传播一种休闲精神——这两种看似矛盾的性格，被完美地融合在一双双鞋子中。

该企业创立于 1975 年，创始人是罗伦佐·弗朗萨（Lorenzo Fluxá）。 而罗伦佐的祖父安东尼奥（Antonio）则在英国学习并于 1877 年到马略卡岛创设了当时最先进的制鞋工厂，是该行业的先驱人物。 从这个意义上讲，看步从传统中出生并在传统中成长，但其在根源上则继承着开拓先锋的思想。 所以他们总是不断追求更新的价值，即漫步的乐趣和漫步的愉悦，并一直进行着创新的设计。

对于他们来说，设计也并不只一味在鞋子的外形或颜色上下功夫。 为了产生革新并且巩固企业真诚的姿态，他们十二分地发挥了设计的力量，并且坚决拒绝沦为只追求表面风格的"生活样式品牌"。 自从"变色龙"获得了欧共体制定的生态标签认证以来，该公司一直大力研究设计，并将其看作是统领相互矛盾的要素（即"传统与革新"、"地方与全球"、"功能性与时尚度"、"现代性与不沦为时尚潮流"等）的关键力量。 也就是说，设计是他们的创新中最核心的活动。

　　这种设计的背后有着人类哲学。 看步认为，"脚的舒适也会带来头脑的舒适。 鞋子在关注健康的同时也能刺激人们的想象力"。 该公司的设计师们至今仍居住在马略加岛的农村地带进行工作。

图 1-1　看步的代表产品

注：摘自该公司官方网页。

　　而且无论在乡村还是在都市，"走路"都是人类才具有的行为。 这也代表着不乘车出行，即与关注环境问题密切相关。 2001 年看步推出的活动的标语就体现了这种思想：

"选择看步，坚持信念。"

也就是说，从"走路"这种极为本地化或文化的视点去看待环境问题——看步意识到，品牌要反映出自己公司的精神原则。 这是因为哲学理念既与一个公司的身份识别紧密相连，也与一个地区的自我认同感息息相关，由此会吸引与其产生共鸣的消费者和公司员工。

拉尔斯·科林德与奥迪康

最后，向读者们介绍丹麦的助听器公司奥迪康（Oticon）的故事——该公司依靠创新的工作环境起死回生，并一跃成为了一家创新型企业。 该公司成功的主要原因是他们"以知识为基础的工作场所（workplace）"，即极为灵活的办公空间和绵密的沟通能力的有机融合。

奥迪康创立于 1904 年，是一家传统技术型的助听器制造商。 该公司的发展顺风满帆，曾一度成为行业内的领军企业，然而到了 20 世纪 80 年代，全球化竞争越来越激烈，当时刚进军助听器领域的索尼等竞争对手不断出现，令该公司的发展陷入了困境。

当公司危机四起的 20 世纪 80 年代末，拉尔斯·科林德（Lars Kolind）应邀成为该公司的新一任 CEO，开展了创新性经营方式。 他自己将其称为"以知识为基础的企业"，打破原来组织的壁垒，向每位员工逐一说明改革的意义，力图产生出一个向不可能发起挑战的组织。而且，为了打破物理上的壁垒，还重新装修了位于哥本哈根的杜伯啤酒（Tuborg Beer）的矿泉水工厂，把整个公司都搬了进去。因为那里原来是一间工厂，所以内部没有一根柱子。

在此之后，他们把电脑及资料等统统装进了柜橱，这种柜橱安装了叫作"小狗"的万向轮，所以公司的每个项目都能够一边移动一边展开工作。而且，员工们可以随便参加任何项目。当时他们将其称为"通心粉组织"或"非组织（dis-organization）"。

对组织进行这样的转型绝非易事。尽管外界对这一改革充满了怀疑，但世界上第一部全自动助听器 MultiFocus（1991年）正是在这种新型组织结构中生产出来的。奥迪康获得了重生，成为了全球助听器市场的领军企业。而拉尔斯·科林德也一跃受到了全世界的瞩目。在此之后，索尼也退出了助听器市场。

能够实现这样的大逆转，秘诀在于他们从根本上改变了助听器这种产品的意义。奥迪康构建出了他们自主研究的、被称之为"心理听力学"的知识——他们不再把助听器看作是解决听力问题的工具，而将其定位为"实现创造性人生的手段"。具体来说这项知识就是，人类之所以听得见，是因为人类有想去听的意识，也就是说是人的心理对听力产生了作用。以这项知识为基础，他们把助听器当作计算机来处理，创造出了以往从未有过的硬件、软件与服务的结合。

在科林德离开公司后，奥迪康仍然把项目型开发作为"知识类型"来应用，实现了一个又一个创新。 比如 2007 年登场的"Epoq"就是一项划时代的产品，它除了具有客户自定义的听力功能，还能够通过蓝牙以无线的形式把移动电话或 MP3 等的声音传输到助听器里。 奥迪康也在该年度获得了丹麦的创新大奖。

2006 年，该公司把坐落在市内的办公室转移到了哥本哈根的郊外康格拜根的新办公大楼（人们称之为 Innovation House）。 这座办公大楼的最大特点是设置了可以进行多样业务和对话的空间。 比如配备了"咖啡小岛"（没有椅子，适合短时间的沟通协商）、不摆放桌子的头脑风暴区、围放着沙发的区域、图书馆、休息室等等——但是没有一间为了所谓的开会而准备的会议室。 所有会谈的目的都是共享知识或进行创造性的谈话。 会谈空间设有可移动式的白板，可以灵活使用。 虽然有些空间安装了门，然而绝大多数时间房门都是敞开的。 此外，在进行创新合作的空间周围，还设有音响室及实验室等"创新空间"。

奥迪康的智慧传统，就是具有足不出户就创造革新的组织。 通过创造一个让所有的要素都围绕着创新而运作的工作场所，该公司的传统会一代一代地传承下去。

创新管理领军集团共通的"设计"

通过本节的介绍，我们可以看到那些对创新管理进行实

图 1-2　奥迪康的 Innovation House

注：照片提供：奥迪康。

践的管理者们所在的企业有大有小，各具特色。那么他们之间又有什么共性？笔者认为是一种资质，与其将这种资质看作是他们的一种能力，不如说是他们本身的生存方式的体现。

①所追求的设计能将硬件、软件、服务、商业模式等全部和谐地融合在一起，构建出一个世界（高品质的消费及使用过程、体验和故事）。

②从世间万象、大量的信息和知识中读取出让人们幸福、愉悦、充实并且更有智慧的行为模式，并洞察到深藏在社会中、能把这些行为模式联系在一起的关键要素。

③保持对待社会、文化、宇宙、地球、生命的真诚的姿态。

④具有勇往直前的热情，相信人类无限的创造力，并把重心放在解放创造力上，拥有生活的原则理念，知道如何释

放情感。

显而易见地，对于这些企业和领导来说，"设计"并不是外观上的设计（颜色或外形），也不是单纯地把物品落实为具体形态的工作，当然更不单纯是抽象的思维方式（episteme）或手法（skill）。明确地说，他们的设计是他们全身心地投入进去而创造的、或者说是综合了各种复杂的成分将价值视觉化并具体化的、统帅者亲身体验的身体与头脑的活动。

创新管理要求企业重新思考设计的含义。而且，重新定义管理中的设计所发挥的力量，意味着恢复管理中的艺术与美感。精英型的全球化标准式管理一直以来支配着 20 世纪的产业，但这种管理方式已经与第一线的实际状况相背离，并到了完全无法挽回的地步——重新认识到管理中的艺术与美感的重要性，正是从人们对于上述变化的批判中产生的。

加州理工大学的会计学教授约翰·多布森（John Dobson）认为，在过去，20 世纪的企业经营模式所需要的，是追求技能和效率的技能型（或技术型）的管理者，但今后将取而代之的，则是"审美管理者（aesthetic manager）"。他们所关心的不在于榨取利益，而在于生产出行为的能力，以及创造卓越品质的能力，这种美学型管理的统帅者形象，包含了与以往所谓的先导型"领导"完全不同的含义。按照多布森的理论来看，本节所介绍的上述管理者们，都是优秀的审美管理者。

此外，现如今在管理学的领域还开始提倡一种被称为

"艺术公司（art firm）"的企业形态及组织。 艺术公司的概念，是斯德哥尔摩大学经济学院的教授、长期从事经济与艺术间关系研究的皮埃尔·约特·德·蒙特豪克斯（Pierre Guillet de Monthoux）提出的。 创新管理的领军集团里，就具备了这些艺术与美学的素质。 只是，这里所说的艺术，仍然有别于人们一般所持有的、只追求有美感的、优美的事物的印象。

蒙特豪克斯以理查德·瓦格纳（Wilhelm Richard Wagner）建造的剧院（拜罗伊特节日剧院）为例，向人们提出了"剧场组织"的概念。 实际上，瓦格纳不仅是创作出"特里斯坦与伊索尔德"等代表作的作曲家，还是一位完成了歌剧形态的理论家，同时他又是一位实业家——是他在德国南部的拜罗伊特的山岗发起建造了节日剧院。 该剧院于1876年竣工，是凝聚了瓦格纳的戏剧理论的结晶之作，建立该剧院的目的，在于为以往的陈腐的剧场生意（蒙特豪克斯将此称之为叔本华型剧院或叔本华型商业，即单纯的组合）带来革新。

在蒙特豪克斯的剧场组织的模型里，一个理想的组织并不只单纯地把形象与文本等模块组合在一起，而要像在剧院里一样，让成员们去表演（即进行设计、创造知识），在结果上，综合的表演的总价值将会超过单纯的叠加。 进而，他从德国的剧作家、诗人希勒（Schiller）的"游动"（构想力与悟性的游戏）概念中得到启发，以此讨论现代企业的理想形式。 当思考什么是艺术组织创造出的价值时，美学将成为解题的关键。 蒙特豪克斯之所以将这些企业称为"艺术公司"，也是想告诉世人，这些企业的成立是建立在美学或艺术思考之上的。

这些企业模型的登场的时代背景，是经济形式正在向创新经济进行转移。 在从分析范式到创新范式的过渡期，经营者和统帅者们越来越突显出身为一名率领知识工作者的制作人或艺术家的性格。 这从那些创新管理的领军集团的领导们的姿态来看，是极其显而易见的。

3 艺术型企业作为理念类型崭露头角

创新经济时代里出现的新的企业模型

进入 21 世纪以来，人们开始更加客观地评价以往的决策理论，并寻找以人性、创造性及主观为基础的管理理论。 朝着创新范式转变，在结果上迫切地要求人们重新认清什么是管理中的设计和艺术。 以技术为本的品质企业领导了 20 世纪，而在 21 世纪取而代之并牵引创新经济的，则是与以往在存在意义上完全不同的一群企业，可以称其为"艺术型企业"。

"艺术型企业"这个词，不同的人看了会产生不同的联想。 在此，本书希望提倡"艺术型企业"这一理念类型，以此作为创新范式下的其中一种企业模型。 这种企业不依靠分析或实证式的方法论，而是把创新的方法论贯彻到组织或战略的方方面面。

追本溯源，艺术（art）一词究竟表示了什么意思？本书所提到的"艺术型企业"的"艺术"并非指一般意义上的艺术或艺术作品，而是指把创新的技能及构想实现为某种产品（人造品）的才能与素质。本书将在接下来的章节对这种艺术型企业——创新经济时代下出现的企业新模型进行细致的分析研究，而在此之前概括地说，其特征或与以往的企业模型大不相同的方面，体现为以下几点：

①拥有作为才能与素质的艺术（art）（进行知识设计，能有效利用设计）。

②追求真善美，并在美上实现价值（真诚度与美感，由伦理企业向艺术型企业过渡）。

③作为一个组织有丰富的知识与智慧（具有高质量的智慧积淀、动态的知识资产：有自在灵活的关联、即兴活动的能力、在没有指挥者的情况下同样能够作为一个生态体系去创造价值）。

同时，本书将这种艺术型企业中所行使的创新方法论称为"知识设计（knowledge design）"。"知识设计"不同于以往狭义上的设计。知识设计意味着转换（翻转）以往与设计有关的关系以及运用设计的方法，把设计作为组织的知识和智慧加以运用发挥。在此先列举出如下 3 点特征，在第 4 章将对知识设计的方法论进行详细阐述：

①领先的构想能力（预见能力）。

②产品中综合多种成分（构成要素、软件、服务、系统、品牌）（构成能力）。

③创新语言［作为举例的模式语言（pattern language）、经验与反思的综合］（革新能力）。

艺术作为管理的智慧，并不是指设备投资或财务策略或生产管理等无机的成分，而是指解放创新思考、发现创意、调动创造力。当然，这些资质也是商业活动一直以来所追求的。比如，当谈到"战略性思维"等时，我们会期待一些直观或艺术的成分发挥作用，而这些不是分析或科学理论那么单纯的。

艺术在本质上是具有持续性的创新运动。理所当然地，这些智慧与感情的动态结合会唤起团队及组织的创造力。只不过，这种形式一直以来都没有发展到整个产业中去，因为这并不是简单地雇请几个艺术家或设计师就能够实现的。

在 21 世纪生活着的我们，正处在一个巨大的范式转折点上。这可以看作是由分别独立的软件、硬件转向它们的融合、从机械转向人、从信息转向知识、从理性的事物转向创造性的事物。

人们一直把近代称为"科学的时代"，人们认为，相对于中世纪社会的"宗教时代"，这是人类进步的证明。而在今天，21 世纪则更加重视创造性的事物、追求更加人性化的事物，就好比是一个"艺术的时代"。

诚然，科学在今后仍然会继续发展下去，但毋庸置疑的是，20 世纪大量生产的时代下的科学已经不得不做出改变。归根结底，我们需要向自己发问：作为一个企业或个人，我们为了什么或为什么要生存下去。而其解答的根源，正是潜藏在我们内心的创造力。

知识工作者的时代

要说至今为止从来没有过艺术型企业也不尽然，具有"设计精神"的企业就是其代表模型。然而，时代的变化让艺术型企业的潮流不断向前。大量知识工作者的涌现是其中一个背景，"知识工作者的时代"与工业社会、信息社会不同，它意味着一个全新的价值创造的形态的出现。

正如 P. F. 德鲁克（Peter Ferdinand Drucker）一直以来所指出的，所谓知识工作者就是自己拥有生产工具的劳动者，知识工作者的出现是产业史上的一项重大事件。之所以这样说，是因为传统的劳动中使用的生产工具（工厂、设备以及信息系统等方方面面）都是资本家的私人财产，而谈到知识的生产，其生产工具则变成了人的智力，这是其他人所无法占有的。

实际上，知识工作者的工作与白领工作者有天壤之别。白领们的工作与生产性的前提是以分工为基础的信息处理。

这种想法的理论出自于曾获得过诺贝尔经济学奖的管理学家赫伯特·西蒙（Herbert Simon）的主张。 也就是说，我们由于存在认知上的限度（即无法认清整体），所以只能够根据有限理性（只能合理地处理眼前的事物）来工作，即属于"蚂蚁模型"。 因此需要根据分工或分层构建组织，而员工则完成所指示或命令的工作，并根据结果的完成度接受评估。

而与其不同，知识工作者的工作的生产性，则是指当他们在自发地选择自己的工作并亲自去实现时能得到最大发挥的"创新生产性"。 由知识工作者构成的组织，其最大的特征就是，不同于以往的层级组织里个体必须服从整体，具有一个动态的、可以超越组织设计者的设想的网络。 在这样的组织中，个人的行为会作用到整个组织。 这意味着他们通过相互理解、产生共鸣、共享价值等进行工作，而绝不是听从指示或命令。 极端地说，只有他们和组织或管理者之间保持一致的主观性和价值观时，才能进行创新的活动。

城市设计专家理查德·弗罗里达（Richard Florida）在畅销书《创意阶层的崛起》中，对于迄今为止的社会变化的话语都偏重于科技或市场作出批评的同时把焦点放在了从事创新工作并由此崛起的人们，把他们刻画成拥有新的价值观、工作风格、生活样式的"阶层"。

位居这一阶层核心的人们，或是从事计算机或有关数学的工作；或是建筑家及工程师；或是活跃在生命科学、物理科学、社会学等领域；或是以教育与训练、艺术、设计、体育等为职业。 而围绕着他们的"创新性的专业"，则是商务、法律、医学、高端销售等专职性工作。 弗罗里达在书中提到，美国的"创新阶层"大约为 4000 万人，相当于劳动人口的 30%以上。 这样庞大的存在已经无法忽略，因为这些具有创造力的知识工作者才是创造经济价值的源泉。 而实际上，知识工作者真实的代表并不是白人男性公司职员或日本男性公司职员，而是那些具有创造力的个人，或者是不断在各个工作岗位增加的女性工作者。

要想让这些知识工作者为组织充分发挥自己的才能，组织和管理就必须比以往增加更多的审美要素——这并不是只重视创造性就能够简单实现的。 创新管理需要具备能够评价知识价值的能力，而知识的价值是以往的战略式思维难以判断的。 这意味着依靠感性来判断对象的价值，即哲学家康德提出的"审美判断力"，所以美学是这种判断力的根源。 美学与管理有着密切的关系，美学为我们提供了创新行为中主观判断的方法论，比如"要创造什么"（作品创造）、"从品质角度看对人类而言是否有意义，如果有，是不是好的意义"（主观判断）、"这在本质上究竟对于社会意味着什么"（解释哲学）等。

无论是创新阶层还是知识工作者，他们在什么动机的驱使下从事工作是最关键的。 一直以来，专业工作强调要顾及客户的兴趣与利益、具备身为职业人士的奉献精神等，而对于具有创造力的个人来说，不但要做到上述几点，更进一步说，了解某项工作的意义、社会动向、以及最终顾客们的所感所想则是他们工作的动机。 从这种意义上来讲，可以把艺术型企业的特性看作是企业为了唤醒员工内在创造力并使他们甘愿付出、勇往直前所必须具备的条件。 这些条件中尤其重要的是管理的真诚度。 关于真诚度，将在第 3 章进行深入细致的探讨。

幸福的全球化宣告终结

向创新范式的转移现象，小到个人、组织，大到社会、国家，在各个角落同时多次出现，这是进入 21 世纪后一个显著的现象。

回想起来，20 世纪 80 年代到 90 年代曾是一个"幸福的（euphoric）"时代。 90 年代前后东西冷战迎来了事实上的终结，柏林墙倒塌。 虽然海湾战争也在同一时期爆发，但整个世界都被"逐渐迈向和平"的意识所包围。 在经济方面，道琼斯指数仿佛全然没把日本的泡沫经济崩溃当一回事儿，在保持坚挺之下只管一路高歌猛进（如图 1-3）。 人们仿佛都预感到了全球一体化时代的来临，越来越多地跨出国门。

但是，这次全球一体化 [本书称之为全球化（Ⅰ）] 在 2001 年 9 月 11 日以前已经露出了即将终结的征兆。 最终 2000 年的网络泡沫破裂、"9·11 事件"以及之后的安然事件为这个时代画上了句号。 自此以后道琼斯指数低迷、跌宕起伏、振幅变大，不确定性明显地扩散开来。

圣菲研究所教授、维也纳知识转换研究所的数学家约翰·卡斯蒂（John L. Casti）列出了几项全球化（Ⅰ）开始与终结的征兆。开始的征兆之一，是西奥多·莱维特（Theodore Levitt）于1983年发表的论文《全球化的市场》；终结的征兆则是娜奥米·克莱因（Naomi Klein）1999年的著作《不要品牌》。莱维特的《全球化的市场》一文可以说是全球化标准或管理的先锋，其雄壮华丽的笔锋向人们传播了全球化经济活动的福音。虽然无数的跨国企业追赶着他的主张，但就结果来说消费者们并没有喜欢上整齐划一的产品。而其代表企业可口可乐公司（Coca Cola）当时的新CEO也在2000年3月的金融时报上说道："今天，做到全球化就是做好本土化"。后来2003年3月的金融时报也否定了莱维特的观点，指出"莱维特的理论是个明显的错误"。而后，《不要品牌》抨击了全球化（Ⅰ），与发展中国家站在同一阵营，一起抵制美国产品。虽然她的观点并没有得到一致赞同，但克莱因指出了品牌是全球一体化过程中帝国主义的象征和操纵消费者欲望的象征。因为这本书，那些在全球化的名义下成为发达国家榨取对象的国家产生了对于经济不平等的愤怒。这也是形成现在伊斯兰世界与欧美各国间对立局面的一个间接原因。就这样，一味讴歌赞美品牌的时代与幸福的全球一体化时代一起，宣告终结。

　　在这一过程的背后，到20世纪90年代，一种全新形态的品牌悄然登场，它具有与幸福的全球一体化时代的品牌截然不同的哲学理念和价值，其中之一就是前述的西班牙制鞋厂商"看步"。

曾经那个充满欣快愉悦感觉的时代摇身一变，成为了现在与欢快的印象相去甚远的、倒不如说是"忧郁"的时代。然而讽刺的是，创新管理的周期也浮出了水面，创新经济取代了新经济。 新经济可以看作是利用信息能力操纵"他人"的创意从而产生价值的经济，所以策略、收购及股票上市等专业手段扮演着主要角色。 而与之相反，在创新经济下，生产出创意的人们才是主角。

20 世纪 80 年代开始的 20 年时间是分析范式的时代，放在首位的是能带来竞争优势的策略。 那时，在行业的稳定环境下通过产生不完全竞争状态而获取地位以及储备和分配用于竞争的资源等理论占据了支配地位。 而与之相对，在 2001 年之后的创新范式的时代里，已然没有了稳定的行业或市场的界线，竞争对手不再是知己知彼的老熟人，戏剧性地遭遇素未谋面的对手更成了家常便饭。 各种不同成分相互关联的产品取代了以往整齐划一的产品。 所以称这个时代为全球化（Ⅱ）也未尝不可。 至少，这个时代与全球化（Ⅰ）完全不同，更重视个体的智慧、知识与其人性化的联系。

我们不禁要问为什么。 答案恐怕是由于 20 世纪 80 年代以后信息化带来的全球化发展太过急速，大大超过了普通的人类文化圈进行交流、沟通的步伐，最终产生了裂痕。 而另一方面，上个时代摧毁了习惯性的阶级性社会和组织的结

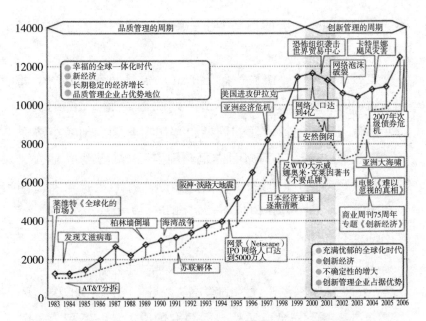

图 1-3　20 世纪 80 年代~现在：品质管理向创新管理转变

注：该图参考约翰·卡斯蒂的提案由笔者制作。

构，突显了个人的网络关系。 正如 2004 年离世的伦敦商学院教授苏曼特拉·戈沙尔（Sumantra Ghoshal）在其著作《以人为本的企业》中预言的，企业也已经从分配有限资源的模型，摇身转变为把信息、每个员工的知识、技巧作为自己的资产的组织模型。

知识经济不可逆地趋向创新范式

占据美国经济四分之三的是软件程序、多媒体内容、专利、企业咨询、设计、品牌等无形资产。 而日本则是以制造业（物品）为中心实现了经济增长的国家，所以似乎很难对"知识"产生确实的切身感受。 但是，日本的实体经济已经转为了知识经济。

不过，现在问题的焦点早已不是谈论生产业是否走到了尽头或批判服务的生产性过于低下。 问题在于通过在硬件上巧妙地结合知识资产，从而创造出新的商品价值的生产业的时代已经到来了。 所以说在制造行业里，含有更多的无形资产或知识资产的企业会有更多的优势（当然这绝不意味着大型产品或设备制造业将要退出历史的舞台）。

现在，人们已经普遍接受了"知识才是创造价值的最重要资源"这一认识。 越来越多的人切身感受到了现在处于从工业经济（industrial economy）到知识经济（knowledge economy）的转型期。 知识越来越靠近社会的中心位置，无论对于个人、企业还是国家而言，如何创造并发挥知识的作用已经成为实现成功的关键。

知识经济的时代已经来临，全球范围内正展开着无数以知识为核心的你死我活的竞争。 但是，由于我们现在还无法看清全球化知识经济的全貌，所以在它的面前，我们的很多价值观及思考方式、依据的模型或理论仍不免受到过去工业社会的束缚。 在时代正一步步向知识经济转型的今天，只要我们不抛开工业全盛时期的思维方式，就无法对我们现在面临的各种课题对症下药。

既然向创新范式的转变是不可逆的，我们就必须认识到

047

究竟采取怎样的措施、策略和理论才能以人的创造性为本进行经营管理。 而本书正是从正面出击，对这一课题进行讨论与研究。

追求管理的新标准

但凡走进日本的书店，诸如"XX 式思考"或"可视化"（丰田公司建立起来的一种现场自动化的方法论）等题目的书籍会争相映入顾客的眼帘。 诸如此类的书名不排除有大众跟风的嫌疑，而且虽然这些理论或思维方式在表面上不断被修正（正如逻辑思维一度流行，而其后假说推理又指出了其局限性一样），然而在本质上，终究还是把如何处理隐形的"知识"的问题作为了经商的焦点。

这是最近 15 年左右的变化，与泡沫经济破裂后的时代相呼应。

日本曾经出版过一本介绍 20 世纪 90 年代知识管理的案例集——《知识经营实践论》（妹尾、野中、阿久津，2001），书中介绍了卫材制药（Eisai）及前川制作所等从事独特的知识管理的企业。 这些企业如今也保持了很高的收益性，并持续着独特的经营管理。

此外，我们看一下全球最受尊敬知识型组织（MAKE —— Most Admired Knowledge Enterprise）奖（由英国的 Teleos 公司组织的、在全球范围内推崇知识管理的奖项）近几年的获奖企业就会发现，那些人们认为的优良企业都榜上有名［以谷歌、苹果为代表，麦肯锡公司（McKinsey & Company）、埃森哲（Accenture）、本田、三星（samsung）等］，而这意味着什么？ 这实际上从另一个侧面证明了越来越多的有识之士意识到现代企业的优秀性与知识息息相关）。

在管理学的领域，20 世纪 90 年代中期在世界范围内，人们扩大了对知识管理的关注。 最近，东京大学第 28 任校长小宫山宏也主张"知识的体系化"的重要性。 知识的重要性在产官学结合的实况层面上得到了确实的理解和重视。 甚至可以说，现在已经没有哪个企业敢偏离知识管理的轨道。

不过需要注意的是，所谓的知识管理，并不是把现有的知识看作信息或资源（stock）、并将其当作一座稳固不变的建筑物一样进行静态的处理。 知识是动态的，知识无时无刻不在发生着变化。 知识管理的本质价值在于通过怎样的网络关系及在何种意志之下有组织地积累人们的智慧与知识，并每天不断创造出更新的知识。

在 20 世纪 90 年代曾一度流行的 "KM" 是 Knowledge Management（知识管理）的简称，由于被人们理解为使用 IT 共享信息或"积累知识"，以至于后来多少带上了消极的色彩。 但是，像美国这种以 IT 为主导、从而不断推进知识管理的国家在如今也把重视"场所"及人性的网络关系（知识工作者）看成为先决的条件。

"知识管理"（knowledge-based management）已经成为了新的管理标准。"可视化"的老本家丰田汽车的会长奥田硕也积极地开展知识管理，并曾提出：

"我们的销售公司建立了丰田培训学院，在那里我们要求员工掌握无论到了哪个企业都能够一显身手的知识。"

"人类的智慧分为内隐知识和外显知识。所谓内隐知识就是一些只可意会、不可言传的玄妙的技巧，而外显知识则可以落实为语言文字。通过 IT 等技术，把人类的智慧转换为计算机技术的比例应该会越来越大，然而绝不可能全部转换。内隐知识＝知识会一生跟随你。"（http://www.jp.onkyo.com/onkyo/taidan/vol13.htm）

此外，IBM 的总裁彭明盛也曾说过：

"今天，越来越多的革新，作为企业的知识资本（通过合作而产生的更深层的知识）的性格越来越强，已超过了其作为（个人智慧的结晶）的知识财产的作用。"（IBM 新闻 http://www.ibm.com/news/us/en/2005/09/2005_09_16.html）

在知识经济下如何才能持续创造出价值，已经是一个全球性的课题。前（美国）联邦储备委员会（FRB）主席艾伦·格林斯潘（Alan Greenspan）曾说过："美国的经济产物几乎都变为了某种概念。"不用说，他的意思是软件及多媒体内容、服务、知识产权等越来越占据了经济价值的大部分。而英国也在对如何提高知识经济中的经济增长和竞争力进行研究。 除此之外，在北欧各国、韩国、中国（特别是台湾地区）等越来越多的国家和地区正在积极地或唯恐落后地尝试着向知识经济转型。

随着"物"的经济向知识经济转变，"创新经济"这一现实已经摆在了各个企业的眼前，即需要持续不断地创造知识，而绝非把已经存在的知识当作储备或内部资源、资本来分配和使用。 近年来"革新"成为管理界的流行语也是由于存在着上述的大背景。

那么，如何实现向创新经济的过渡？ 在第 2 章中，笔者将对物的概念产生巨大变化的状况进行分析讨论。 对于至今仍对生产制造的可能性抱有巨大期待的日本企业而言，为了顺应这种巨大的变化并赶上创新经营的大潮，究竟哪里是瓶颈，又需要进行怎样的转变呢——且看下章分解。

051

第 2 章

"物品（产品）"概念的转变

1 制造业生产的是什么

日本制造业的苦恼从何而来

日本在制造行业有着悠久的传统和强大的优势，然而除了 20 世纪 80 年代例如索尼等少部分企业外，大多都不擅长跨功能型的制造，或不懂得软件与服务或社会与物品的结合。

然而，对于追求高品质生活文化的生活群体来说，一部分欧美制造的产品反而更显示出了强大的魅力，这是不争的事实。比如，丰田汽车虽然论股票时价总额，如今已经凌驾于通用（GM）或福特（Ford）之上，并且在销售量上不断向首位发起冲击，然而在彰显文化价值的高级车市场上，就魅力与保时捷（Porsche）或宝马（BMW）等欧洲汽车品牌进行较量时，仍与后者存在较大的差距。

电子产业曾推动了日本的制造业立国，而今天却辉煌不再。 并不是日本制造的商品失去了以往的高品质，而是过去那个日本众企业以其追求淋漓尽致的品质管理的姿态打动并震撼世人的时代，已经在硬件品质这一竞争核心沦为日用商品的过程中静静地宣告了结束。 美国历经 20 年时间学习日本，并应用新掌握的 IT 技术，构建了敏捷制造的概念，随后追赶上日本并在一部分领域实现了超越。 最终，推动全球一体化的是那些从理论与实践两方面深抓品质管理的美国的优良企业。 如今他们以创新性和设计为轴心展开了新的竞争。他们的策略是把进货与生产交给外部，在保持品质的同时集中研究用户对产品的满意度。

与此同时，在亚洲，中国正在迎头猛追日本的脚步。 此外在韩国，以三星为代表的先进企业也已经把重心移到了创新运动上。 以下是三星集团总裁李健熙面向子公司的 CEO 们寄托的期望。

"三星作为一个全球化企业、一个国内的领军企业，要想实现飞跃，就必须跨越标杆瞄准的阶段；必须在领军集团里从事不断开拓市场的创新管理。……为实现创新管理，管理者和管理系统就必须有创新性。我希望各位 CEO 能够积极地录用有创新思维的优秀人才，并在培养这种人才上下更大的功夫。"

此外，在 2007 年 7 月举行的"先进产品比较展示会"上，李总裁在认真仔细地观看索尼（Sony）、松下（Panasonic）、夏普（Sharp）、诺基亚（Nokia）、苹果（Apple Inc.）等全世界 566 个最新产品的同时，对其身边的管理层强调了"创新管理"的重要性：

"2010 年前后肯定会发生无法预测的急速变化。必须从现在起在设计、市场营销、研究开发等所有领域进行创新管理以应对突然的变化。"

李总裁在 1993 年就提出了"除了老婆孩子，一切都要变"和"新管理"的蓝图。之后在 1994 年提出了"天才管理"（到了 21 世纪，一个天才就能养活 10 万人，强调要保住优秀的人才），1998 年提出了"革新管理"（强调革新的重要性，唯有拼上全力搞创新才能提高竞争力），2003 年提出了"互相关照管理"（主张企业对社会做贡献的重要性，企业必须去保护受到妨碍的邻居），并在 2006 年提出了"创新管理"（强调创新的必要性，要回归起点重新审视一切并从中发掘新意）——在李总裁强有力的领导指挥下，三星为在创新经济下获得优势一步步打下了坚实稳固的基础。

而且从早年起，他就开始关注设计，在 1996 年的新年致辞时李健熙提出了"设计革命"，说"如果三星在设计上没有自己的特色风格，那么再怎么开发也没有意义"。并且在 1995 年倡导"设计管理"（重点强调设计能力的重要性，要求重新认识设计的意义与重要性，并把属于世界一流的三星产品打造成高规格的品牌）。

不过，虽然三星已经在时价总额和品牌价值上超过了索

尼,不过显然这是他们全力以赴的结果。 李健熙提醒员工们
在今后 3~4 年内会发生无法预测的激烈变化,并号召大家努
力把设计和软件作成世界最高水平。

这种来自外部的、要求向创新管理变革的压力正在慢慢
地侵蚀着日本企业的优势。 虽然日本企业在不断刷新着最高
收益的记录,但管理者们仍然头疼不已——呼吁革新也正是
为此。

不过话说回来,为什么除了少数几个例外,日本的电子
制造业就生产不出诸如"iPod"或是"iTunes"一般具有独创
性的产品或服务呢? 而至于移动电话,日本的生产商则缩守
着国内的市场,一直沉浸在"锁国天堂"里自得其乐。 除此
之外,虽然网络泡沫破裂了,但在此之后仍然涌现出了诸如
谷歌及 web2.0 等话题性事物,但为什么日本的 IT 产业却落后
了? 这些问题都有一个共通的原因,那就是大多数日本企业
欠缺一种能力,即对多样的成分或彼此表面无关的问题、未
成体系的知识进行关联与"综合(synthesize)",从而创造出
新价值的能力。

这个时代要求我们具备超越单个产品制造的能力,或者
说要求我们把产品的制造发挥到淋漓尽致。 只是,这么说并
不意味着要离开产品制造而转向服务化。 创新管理的本质是
"知识化",这一关键决不能搞错。 所谓知识化,不是抛弃
硬件而转攻服务,而是把硬件、软件、系统、服务、商业模式
等一直以来被单独一块块进行处理的成分进行综合和整编的

知识型工作。那些知识分崩离析且没有掌握集结知识的方法的企业，也正因为如此，无法提出未来创新的构想。

詹姆斯·柯林斯（James Collins）在其著作《从优秀到卓越2》中谈到了"核心竞争力的陷阱"，就是说，企业如果过于关注自己公司擅长的项目，那么就算再有能力，也意识不到"凭此未必能达到卓越"，结果导致迷失了努力的方向。假如第一线的制造能力很强，并且想将此发挥到极致，就不可缺少变革管理。那些单个产品级别的原型制作（prototyping）等事项，日本企业也是能比较容易掌握的（在本书后上面的章节中还会谈到），只不过要在此之上，同时具备将其整编成体验价值或商业内容的能力。

那么，对硬件、软件、系统、服务、商业模型进行"综合"是什么意思？这并不是像人们所常说的"由物转事"一样，单纯地把物与事区分开来这么简单。因为物作为具体呈现知识的媒介必不可缺。而且不能把事从物中分离出来单独分析思考。我们必须有一个新的产品的概念。下一节笔者将通过探讨 iPod 的事例予以证明。

iPod 的背面为何磨制得如镜面般闪亮？

iPod 已经在全世界销售出 5000 万台，其背面被打磨得像镜面一样闪闪发亮。一直以来负责这项工作的是日本新潟县燕市的金属加工公司——东阳理化学研究所。

位于雪国小镇上的工厂里，工匠们对一个个 iPod 的背面

进行细致的镜面加工，他们工作的身影也曾被电视台报道
过。 他们认真仔细的态度颇让人感动，也使得我们在电视机
前看到他们辛勤劳动的同时，对手中的 iPod 产生出一股由衷
的挚爱之情。 东阳理化学研究所与苹果的关系始于
PowerBook 及 iMac 的时代，这也是日本传统的工艺技巧为席
卷世界的 IT 产品和新素材注入新的活力的代表性事例。

　　苹果制造 iPod 时并没有将其制造成一代就完的产品，而
是从一开始就计划了长期的世代进化。 这不单纯是一个 MP3
播放器，而是可以享受到 iTunes、iTunes Music Store 的音乐软
件和服务的"平台"。 身为一个平台，其硬件载体就变得至
关重要。 正是这种意识把 iPod 作为一项产品的完成度提高到
了令人们不可思议的高度。 而且与摆在家电商场 MP3 展柜的
其他产品系列相比，也显示出了无与伦比的强大魅力。

图 2-1　iPod

　　苹果的员工没有进行任何市场营销性质的实地调查，而
是怀着自己心目中对享受音乐的执著创造出了 iPod。 他们最

在乎的不是产品的功能，而是能否提供触及人类情感的东西。

iPod 的设计无论是概念、形状还是触感，都有史蒂夫·乔布斯的彻底参与。那么，乔布斯又是如何看待设计的？我们应该可以从他如下的发言中找到答案。

"通过销售讨论小组来设计产品是很难做到的。因为大多数情况下人们直到看见实物摆在眼前，才知道自己究竟想要什么。"

"为了避免搞错方向或做得太过火，首先需要对 100 项'其实真的不重要'的事情说'No'。"

"设计是个很奇妙的词。有的人认为设计意味着外观，但是如果再深入挖掘的话就会发现，其实是指怎么发挥出最好的作用。要想真正把某种东西设计得精彩，就必须首先对其有完美的理解。"

乔布斯也相信"上帝寓于细节中"这句话，这句名言最先由德国的美术史家瓦尔堡（Warburg）所提出。软件与硬件必须融为一体。如前所述，乔布斯本人是在大学里学过美术字的设计师，而正如"上帝寓于细节中"所体现的，乔布斯带着对细节的强烈执著投身于作品的创作。比如 iMac 上附带的日语字体不是标准的明朝体或黑体，而执意选择了苹果丽黑字体。制作这种字体要花费多于普通字体数倍的精细的劳力，而据说这一切都是为了表现出用毛笔书写日文时的运笔感觉。 这种执著确实只能出自于深谙此道的老手。 这种近乎极致的制造思想，同样也被百分之一百二十地投入到了 iPod 的开发中。

硬件、软件和服务的三角结合

让我们再重新考虑一下这个问题——为什么 iPod 的背面被打磨得如镜面般闪亮？

当然，从功能角度来看，一部分原因在于为保护内部的硬盘，不锈钢比塑料有更好的效能。 不过抛开这层原因，更重要的解题思路在 "金属" 上。 这与面向发烧友的经典相机进行了同样原理的处理。

我们看看苹果的其他产品就会发现，iPod 的主产品使用不锈钢，而 iPod MINI 或 Shuffle 等平价版产品则使用铝合金为材料。 再比如 Mac Book（便携式个人电脑），面向大众消费者的系列采用塑料素材且外观为白色，而专业人士使用的 Mac Book Pro 则是金属外壳。 由此可见 iPod 之所以把背面打磨成了镜面，也出自于这一连串的对金属质感的追求。 但是除此之外，我们必须理解这之中还含有极具战略性的意图。

只要思考一下 "为什么其他的 MP3 播放器没有执著到关注产品背面的地步？" "为什么日本的企业在把产品制造奉为信条的同时，却不那么执意追求产品的美观和完成度？" 答案就一清二楚。 苹果的 iPod 与其他的 MP3 播放器之间的差异，不是单纯的形状或颜色等设计出来的形状上的差异。 此

061

外可能有人也会说"产生这些问题的原因，在于日本企业是垂直关系的组织，无法进行横向合作"，如果真是这样的话，改变一下组织结构岂不是早就能够解决？ 而真正根源的问题正是出在了知识形式（知识的分崩离析）身上。

可以说大部分的日本产品，其开发产品的基本着眼点在于降低成本。 在企划会议上 QCD（品质、成本、交货期）从来都是讨论的焦点。 无论是谁提出什么"把外壳打磨成镜面一样"，恐怕都不会被带到企划会议的桌面上。 日本企业在大多情况下只不过把制造商品看成是制造硬件，所以降低成本自然是最优先考虑的。

此外，就算企业再怎么努力倾听顾客的声音，也不可能听得到诸如把外壳打磨成镜面一类的反馈。 而且事实上，关于这种镜面打磨的处理，正如厂家最初预想的一样，有用户提出了"容易弄花"、"一碰就留下指纹"的不满。 然而在此前提下仍然敢于挑战这种设计，或者说从一开始就带有想去挑战的思维方式——这些对于众多的日本企业来说还都是难以做到的。

而 iPod 则是反其道而行之，出奇制胜。 背面的镜面打磨处理无论从成本上还是从顾客需求上都是负面的因素，但也正是这种镜面打磨包含了施加精巧技艺的意味，蕴含了对于制造物品的独特理念和独自的努力方式。 对于苹果来说，制造产品即是提出概念，也是创作故事，同时还是制造体验。在概念、故事和体验等综合价值的地基上，坐落着作为平台而存在的物品——iPod。 也正因为如此，iPod 才必须提高作为一件物品的完成度，因此打磨出光洁的镜面也就成了拦挡住竞争对手的绝好的屏障。

因此在他们的开发过程中，在制作一样物品时的性价比并不是放在首位的问题。 甚至连顾客的声音也不会成为阻止他们创造的决定性因素。 正如之前东阳理化学研究所社长所介绍的一样，苹果的设计师只会告诉你："如果怕脏擦干净就行了"。

在这里可以肯定的是，如果只单纯去看 iPod 本身这一件东西，是无法理解苹果为它所创造出的整个世界的。 虽然有人批评说外面早有人持有关于 iPod 的创意，或者讽刺苹果只不过把现有的东西组装了一遍，然而最为重要的其实在于 iPod 的实体是 iTunes。 虽然这不是从一开始就规划好的，但不要忘记，这是一个与 iTunes Music Store 一起作为"硬件、软件与服务的三角结合"展现出来的三位一体的平台。

也有人说是 Walkman 为 iPod 提供了范本，但是身为老本家的 Walkman 终究没再能发挥出 iPod 身上体现出的执著追求的精神（索尼自己也负责音乐内容的产业，由于各种内外的制约导致最终没能及时进军这个领域）。

顺便一提，苹果为 iPod 制作了多个不同的原型，并对市场中版本进化的可能性做过长期的透彻的研究。 这本该是 Walkman 在鼎盛时期的策略，然而索尼似乎在不知不觉中丧失了这种精神。

063

不仅索尼存在这种问题，可以看到不少的企业虽然高呼着重视创造，但从用户角度来看却不过刚好达到及格的水准。

此外，虽然 iPod 扩大了产品系列并数次推出新一代版本，但最根本的、让人们保持"偶像标志"印象的设计却一直坚持不变。可以说，iPod 中体现出的执著追求的精神，作为改变时代的一个新的"偶像标志"，是始终鲜明屹立的。

隐藏在这种执著追求精神背后的，恐怕是追求"美好体验的品质"的真诚精神。iPod 身为一个利用 iTunes 及 iTunes Music Store 等提供服务的平台，要想具有超越时代的力量，就必须具有高度的质感——至少对于乔布斯和苹果来说，这种执著的追求一直是制造产品的根本方式。

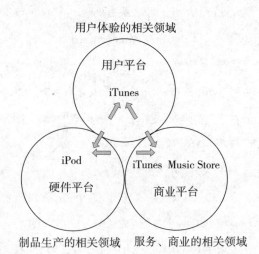

图 2-2　iPod 是硬件、软件和服务 (商业) 的三位一体

　　乔布斯在最近的演讲中经常使用"phenomenon"（非凡
的、不同寻常的事迹）一词。 这里面似乎蕴含着各种不同的
含义，不过其表示的应该主要是 iPod 这种商品作为社会现象
被推广并被消费者广泛接受的事迹。 过去，"苹果机"虽然为
一部分拥护者所接受，但始终没有攻破 Windows 的阵地。 乔
布斯称 iPod 成功的背后，也有其令人心酸的体会。

　　实际上，为求保持 iPod 的辉煌而发布移动工具 iPhone 时
（2007），乔布斯曾进行过如下的发言：

　　"苹果在今晚推出了人们期待已久的移动电话 iPhone，它
寄托了重现 iPod 音乐播放器取得的非凡成功的期望。"

　　像 iPod 一样，乔布斯也对 iPhone 采用了"三位一体"的
制造模式。 在此次发布会上，他引用了传奇性的施乐帕克研
究中心（Xerox PARC）的研究者艾伦·凯（Alan Kay）的如下
话语：

　　"艾伦·凯说过：'如果你对软件的态度足够严谨认真，
那就应该自己制作出一个属于它们的硬件。'所以我们才首次
把软件上的技术突破带到移动工具中来。"（MacWorld 2007，
史蒂夫·乔布斯的基调演讲）

专栏：iPod 是如何产生的

iPod 的始祖是肖恩·范宁（Shawn Fanning）在大学时创立的一个叫作 Napster 的音乐文件共享服务。Napster 转瞬之间就拥有了大量用户，但是在唱片行业的抵制下挫败了。然而乔布斯将其看作是数字音乐革命的开始。

最初诞生的 iTunes，是前苹果公司员工设立的音乐播放软件制作公司开发的，被乔布斯收购。乔布斯意识到，人们所追求的是能够把音乐随时带在身上。于是他调查了 MP3 市场，但没有找到自己想要的东西——不管怎么说，索尼步调太慢了。在 2001 年推出了 iTunes，然后在不到一个月的时间内决定把 iPod 商品化，并在彻底的保密中开始了研发，制造了众多的样本模型。这一过程中他们没有走访用户，而是彻底地在使用感上下工夫，比如把按键数量控制到最小并注重表面的光泽、设计、美感、手感等。

乔布斯预测到苹果的音乐收益会超过 50%，并且产品的主角会从个人电脑转向音乐。正如他所预测的，iPod 在 1 年半的时间内突破了 100 万台的销量。但是乔布斯并没有满足，而是开始考虑销售数字音乐内容的方法，于是设想出一个把所有唱片公司的音乐集中在一

起销售的在线商店。通过他的热情与个人魅力，在进行
多方交涉后，iTunes Music Store 开张了。从 5 家大唱片
公司汇集了 20 万首以上的乐曲，用 1 年时间就突破了
7000 万首的下载量。

产业分类思维阻碍了创造性的发挥

德鲁克在其著作《下一个社会的管理》中预言发达国家
的制造业会衰退。 他列举出的理由有少子化导致量产的路被
阻断、劳动的报酬太高没有国际竞争力等。 但有趣的是，连
他这样有预见能力的人也说"至于日本（的地位是否会降
低）则不得而知"。 也就是说，日本的制造业存在着避免衰
退幸存下去的可能性。 所以我们的课题就是要趁幸存的可能
性尚存的时候有所作为。

知识经济，由于看不到知识的实体，有时会看作与服务
经济同义。 但是，知识经济绝不只意味着在通过软件实现的
服务产业的基础上继续发展。 比如说，即使产品本身是硬
件，但在其身上添加某种知识后就能产生新的价值，这样的
案例将越来越多。 相反地，如果某样产品只单纯是一个硬件
的话，则会被赶到市场的角落。

以前，日本的小学所教授的传统的产业分类方法，分为
第一次（农业）、第二次（工业）和第三次（商业）。 但是这
种分类方法已经偏离了现今的经济形态，而且恐怕最终会失

去其意义。 倒不如说，这种陈旧的产业分类法阻碍了新型经济活动的萌芽。 把事物看作是二项对立，比如制造业对服务业、物对事等就是上述陈旧思维的典型例子。 单拿不同产业从事者结构比例来看也可以知道，第二次产业在 1974 年以后不断下降，到了 2002 年已降到了 30% 以下。 而第三次产业则翻倍到了 65%。 于是从这种分类表中就不断涌现出了诸如"日本应该保护制造业"或"服务业的附加价值和生产性不高"，再或者"是要重视硬件的业务，还是要服务"等争议。

此外，在实际的社会或生活中，虽然在服务（第三次产业）的第一线可以看得到一个第一次、第二次产业的附加价值被集约后提供给顾客的结构，然而从时间推移上看，产业分类的第一次、第二次产业的作用看不到一点增长，只能看出单方向的衰退。 并且，根据产业的分类，对企业的政策等也大不相同，无法积极地看到其间的相互关联。 要想改变这种状况，就需要通过超越旧式的产业分类的方式看待产业。而突破口就是"知识"。

比如，最近在市场上出现了价格昂贵的面包。 有些在材料和做工上特别讲究的特制面包，竟可以标价到五六千日元。 而笔者问普通大学生和研究生一袋面包要花多少钱，有的说 300 日元，有的说 500 日元，与前者在价格上差了 10倍。 不只是面包，糕点老字号银座文明堂限量烘焙出售的"天下文明 极上长崎蛋糕"居然卖到了 6300 日元一个。 虽然这种商品不会生产太多数量，然而也确确实实在市场上占据了越来越重要的地位。

究竟消费者们买的是什么？ 是高价的物品吗？ 不是说物品从产业分类来看已经逐渐失去了价值吗？

实际上，消费者们追求的是产品所使用的材料以及潜藏在选材理由背后的知识。 比如要想生产并使用有机方式耕种的小麦粉，就需要进行相应的学习与研究。 并且，在此之上所附加的品牌也有重要的价值。 不过最重要的还是生产者的执著与讲究，以及通过这种态度产生出的价值。

除此之外，在糕点行业，最近西式糕点师、巧克力糕点师等以制作高级点心为职业的人受到了人们的关注。"patissie"（西式糕点师）一词在法语里是表示（男性）糕点师的意思，在日本则主要表示以制作西式甜品或点心为职业的手艺人。他们制作出的点心手工精细、设计上独具匠心，每一块点心都让人惊叹为艺术品。 所以就像艺术家创造出的艺术品一样，他们精心制作出的点心虽然大多价格不菲，但仍然有很高的销量。

无论是高价的面包还是点心，从原材料的量来看，农业（第一次产业）所占的比率很小，但因为添加上了知识，于是产生出了价值。 首先加入了特别的工艺和独具匠心的设计（第二次产业），进而又在产品上添加了产生价值的研究和教育、出版、宣传等服务（三次产业）。 通过这样的过程，初级产品的小麦、鸡蛋、牛奶、砂糖、水果、可可……裹上了第二次产业、第三次产业的外皮，最终创造出了艺术品般的价值，并供应到市场上。

在原材料的生产过程中，内隐的熟练技术逐渐被外显知识化、被计算机化，如此一来生产工序反而越来越接近于一个信息系统。但是，只靠单纯的数字化是无法超越标准产品的界限的，在其背后需要具有各种各样的研究（知识化革新）以生产出高质量的原材料和产品。

更进一步，围绕着某种面包的自然环境和传统文化等各种不同的知识作为轴心，不断使农业与信息服务，物品与服务，体验与商业相结合——这种现象单凭一张标示出制造业衰退、服务化发展的简单图表是无法说明的。由此也可以看出经典的产业分类（第一次、第二次、第三次）已经逐渐退离了商业的第一线。直观看经济的话，确实能观察到第二次产业衰退与第三次产业成长，然而这些并不是分别独立发生的事项，它意味着在物的地基及物的周围，逐渐增添了制造物品的智慧、生产服务、提供体验价值等成分。可以说，如今是一个"匠心的智慧"熠熠生辉的时代。

在这个时代的背后，是整个产业的知识化。制造业并非马上就要衰退得退出历史舞台，而应该说，为了通过知识创造价值，制造业本身正在不断进化。并且，只有那些具备了自如吸收第一次产业、第三次产业成分的综合能力并能够在自身制造产品的基础上创造出更新的价值来的企业，才能够在今后实现长期的发展。

2 改变"物（产品）"概念的 3 条轴

新型物品（tangible）的意义、复兴

伴随着产业间界限的消失，产品越来越倾向于通过加强
软件、硬件与服务的融合来提高其自身的价值。 这意味着有
形的（tangible）产品作为无形的（intangible）知识的平台，其
地位越来越重要。 虽然这看起来有些自相矛盾，但制造业的
复兴在今后会表现得越来越明显。

也就是说，产业的知识化，需要一个表达知识（软件的、
无形的）的空间或者需要一个媒介，这就不得不借助物品
（硬件的、有形的）的存在来实现。

以这种视角观察分析日本制造业正在发生的现象，会看
到一个与以往完全不同的世界。

比如松下电器产业实现了近乎奇迹般的涅槃。 松下的董
事长中村邦夫列出了一个 "笑脸弧线"的模型，以不同于以
往的视角看待"笑脸弧线"，并打出了战略性的"V 字商品"
系列，最典型的就是 VIERA 等离子显示器等。

"笑脸弧线"表示出了"零部件"、"成品"、"服务"产生
出的附加价值的差异。 位于这个模型中央的"成品"收益性
下降，而位于两端的"零部件"和"服务"则成为主要的收益
源泉，连起来看恰好像一个笑脸符号的弧线。 事实上，日本
企业的零部件产业也很活跃，并且在"为企业提供解决方
案"等服务领域的魅力只增不减，在这种形势下很多企业的

产品由于逐渐变得日常大众化，利益不断被削减。因此，笑脸弧线模型看起来很有魅力。

如果单纯依据"笑脸模型理论"，那么越来越日常商品化的产品就落入了产生不出价值的领域。经过了标准化且没有附加服务成分的商品将被卷入价格竞争。结果造成要么不生产成品而专攻零部件，要么专攻为企业出谋划策的服务领域，可以说这是非常"合理的"判断。

只是，能真正利用好这个模型的企业并不多。反而有些公司由于采用了"笑脸弧线模型"，出现了分别零散对待"零部件"、"成品"、"服务"的倾向，甚至出现了综合电器公司发挥不出"综合能力"的负面效用。这种只根据收益好坏做出的判断是否能给日本的制造业企业带来一个光明的未来？答案不得不说是否定的。

中村董事长阐明了松下的方针，并发出了对以上负面效用的警告：

"在'笑脸弧线模型'经营结构中，设备和服务是收益的中心，但是在连接二者的部位，生产出了更大的价值。比如半导体的'系统 LSI'，它不单是一个仪器，本身就是一个能够大大影响组件和服务的价值的关键要素。在半导体内注入多种多样的技术，提高价值链的完成度，并进化成约定俗成的标准。我们在今后的目标是实现一个让设备、组件、服务以价值链的形式发挥乘积效应的商业模式。"（2003 年日经全球管理论坛）

072

从他的讲话中也可以看到，竞争力的源泉是综合能力，使某种物品作为一个平台去连接设备与服务（制品×服务）是至关重要的。 也就是说，"产品是什么"的定义本身已经发生了改变。

如果不单纯把产品当作硬件来对待，而是有意识地将其看作是吸收了软件与服务的知识的平台，那么反而这块领域就变得极其重要，并应该执意追求。 只销售硬件不会产生利益，但如果提高整体价值，硬件的价值也会被重新评估并创造出产生利益的机会。 因此过去那种把"笑脸弧线理论"看成是把制造业切成"零部件"、"成品"、"服务"3 个部分，并把重点向高收益的部位集中的方法论值得重新商榷。 关键在于能否通过一个平台创造出价值来。

当然，这就要求平台具备较高的质量。 当我们讨论质量的时候，它不仅指硬件的品质，而应该追求"零部件"、"成品"、"服务"三者结合的综合品质。 但是，现在仍然有很多企业的生意还停留在"单品销售"的层次，没有进行上述的任务分工和融合。 在这个问题的背后是事业部制或惰性等组织问题在作祟。 为了跨越这些障碍，现在必须重新审视公司内部的"产业分类（断层）"。 如果还停留在过去的硬件＝产品的老旧观念上，就很难产生上述的有机融合。

IBM 开始提出了"服务科学"的概念。 IBM 对其所下的定义是，"服务就是供应商与顾客之间创造并具体体现出价值的相互作用（A service is a provider/client interaction that creates and captures value）"。 IBM 的服务以科技为基础，通过服务的相互作用与顾客共同创造价值，以此实现产品的具体化。这可以看作是以服务为媒介的制造业。

这些变化告诉我们，我们看作是"产品"的那些东西过去一直以硬件为主，而它们已经开始转化为融合了软件、服务和体验的、"作为知识的体系的物品"。 笔者要再次强调，在我们今天所处的时代，生产制造既是制造概念，也是制造体验，还是制造故事——换言之就是"制造知识"。

那么，物的概念经历了怎样的变化？ 下面笔者将按照 3 条变化的轴——"时间"、"情感"、"社会"进行分析考察。此外，产品的价值又是怎样被评估的？ 图 2-3 显示了价值按照功能价值到文化价值的顺序不断升高。

新的产品轴 1 "时间"——随使用周期和时间不断完善的产品

在知识经济的时代，利用产品、服务的时间轴在创造价值上正扮演着越来越重要的角色，这是与以物品为中心的上一个时代的巨大差异之一。

产品和服务作为"知识产品"，是硬件、信息、软件、服务的融合，通过与顾客一起沿着时间轴共享（或联手），生产、消费过程被创造出来。

"体验价值"的概念近年来受到了越来越多人的重视，这也是由于这个概念与时间有着密切的联系。 所谓体验价值，

不是指商品或服务等"物"的价值，而是指顾客通过利用
"物"，或通过与"物"的互动而得到的价值。 比如主题乐
园、旅行、网上购物等，顾客通过利用的过程得到了满足，获
得了功效。 在创造体验价值的过程中，企业与顾客两者间的
互动不是一次性的商品交换，而是随着时间的推移，通过利
用过程这一体验，"共同创造"知识与价值。 时间在这里就成
了具有重大价值的分母。 沿着时间的前进产生价值（利
益），向这种模式的转变可以出现在任何行业里。

在过去，购入产品的那一瞬间就是价值最大的时刻。 在
日本电影《永远的三丁目的夕阳》的背景年代（20 世纪 50 年
代末、60 年代初），买台电视机，无论是对生产商还是对消费
者来说，购买的那一刻都是享受价值的瞬间。 自此之后一直
到用够年限不得不新买一台为止，时间的推移都与价值或收
益没什么关系。

但是，现代化产品则不一样，单拿"物"来看只能算是
"半成品"或"未完工品"（从这个角度来看，个人电脑也在
此列）。 举个最简单的例子，手机等产品需要花费时间才能
用得顺手，或者需要通过连接网络或经过自定义设置后才算
得上是用户自己的手机。 而通信行业也类似，通过低价提供
硬件，并在随后的过程中收钱，以这样的方式进行经营。 换
句话说，"产品"是在体验的时间推移中生产完成的。 这当然
也会影响到商业模式。 比如现在也出现了这样的商业模式：
新兴通信公司在开展实际业务前，其对系统的投资都由系统

供应商代为承担。 而另一方面就用户来说，在购买手机后会选择各种丰富的配饰，将其打造成真正只属于自己的手机。

此外，时间轴带来的变化，开始要求企业迅速敏捷地改变自己的商业模式。 比如，某中国的移动服务运营商在电器店和街头推出了付费的手机充电服务。 在几个月后当服务步入正轨时，他们对前来充电的顾客推出了进行广告宣传并免费充电的活动。 可见伴随着用户体验和价值的扩散而让产品进化是非常重要的战略要素。

不过实际上，很多情况下一旦开始了某项业务，就很难再做更改。 这种案例笔者在此不再一一列举。 诚然，企业规模越大，就越难改变已经决定好的商业模式，以至错失良机。 但也决不能坐视不管，无论什么行业，采用时间轴模式都是至关重要的。

比如住宅开发商，采用老模式得不到利益。 低价的组合式预制房卖得再多也收不到利润，新建房卖不出去，不得不重新研究二手房市场。 所以倒不如以使用寿命长的硬件为平台，慢慢地完善内部装修，或者提供改建服务，这对顾客来说也更实际。 现在日本的住宅已经能使用 60 年到 100 年之久。 为了提高利益，就必须转变为新的商业模式，这也是把着眼点放在二手房市场的原因。

又例如现在设计一所医院，如果只在当时建好一栋楼，之后靠维修保养作收入的话，则无法再获得利润。 今后的建筑设计，必须融合电子病历及院内信息系统、远程网络、咨

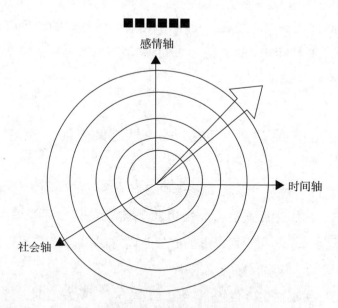

图 2-3　时间轴、感情轴与社会轴的关系

询和外包等要素，以此灵活地应对各种随时间推移出现的
变化。

计算机行业更具典型性：主机系统的销售额中 80% 都是
硬件，而 UNIX 及 Windows 等开放系统中硬件只占 20%，剩下
的（软件、服务）占 80%。　这一现象的出现是由于对系统灵
活发展和外包化的需求越来越多。

同样的事态也出现在了出版业。　现在光靠卖书已经只赔
不赚，必须结合按需出版、提供多媒体内容、卡通形象权业
务等要素，或是探索与培训服务的合作之路等。

无论什么行业都无法摆脱这种结构的变化。　现在这个时
代，如果一味地单独提供物品或服务，则既不能获得利益，

077

也不能实现长久的发展。 面对市场从以硬件为中心到服务与硬件、软件相结合的变化，我们需要在时间轴上重新定义市场，并提出新的方案。

新的产品轴 2 "情感"——情感的资质、脱离功能主义

产品的第二个新要素是主观的或情感上的资质。 这个要素在以往重视经济和功能性资质的客观分析式的管理中被忽视了。 然而在创新经济的时代下，产品的感觉价值和文化价值受到了越来越高的重视。

实际上，在 20 世纪 80 年代日本产品飞跃发展时，日本企业由于过分追求功能优越，结果把原本拥有的"好客"的文化传统抛在脑后，对于情感上的资质逐渐迟钝了。 笔者不禁认为，日本出现的群体茧居现象与上述倾向是有深层联系的。 而现在对于产品来说，具备触碰人类真挚感情的情感资质是非常重要的。

笔者曾经对法国的汽车公司雷诺（Renault）如何评价 20世纪 80 年代日本的汽车产业做过调查。 给笔者留下最深刻印象的，是他们对 80 年代到 90 年代初日本产品的设计的评价结果。 他们认为日本的产品"欠缺情感上的资质"。 在外国人看来，日本产品不仅在每一个细节上都设计得很美，而且在功能设计方面也有很高的水准，然而由于过于重视高科技，这些产品看起来不像是为了人而设计的，而像是"为了设计

而设计"、"没有震撼世界的影响力"、"多少有些雷同"、"缺
乏鲜明的特征"，完全看不到传统的日本文化的影响。 而最
戳中要害的评价，则是 "欠缺情感上的资质"。 这种评价，
对于 21 世纪日本企业的生产制造来说，必须当作一个至关重
要的课题去认真对待。

在第 1 章笔者曾介绍过，走在创新管理尖端的各个企业，
虽然他们在形式上各有不同，但本质上的共同之处是脱离了
以往的大量生产、大量消费型的物品与人的关系，"赋予产品
以人性"，并且 "重视情感要素"。

图 2-4 奥迪康的助听器

对于生产富含人情味的产品，特别是北欧的各个企业具
有明确的态度。 在北欧，把人性的要素放在制造的核心，与
其说这是他们战略性的选择，不如说更像是他们原本就有的
姿态。 在第 1 章介绍的创新管理的先进企业奥迪康就是一家
北欧的企业，扎根于他们企业的理念则是 "以人为本（People
First ）"。

079

奥迪康的助听器进化成了"世界上最小的电脑"。该公司的产品，根据用户的实际听力，让门诊服务的专家使用可调节的软件程序对其进行个性化设置。奥迪康出售的不是单个的助听器，而是一整套系统，通过关于听力障碍的相关知识、机器与用户的磨合、医生给出的妥善使用的建议这一整套过程为顾客提供价值。此外，奥迪康对于可调节的软件程序也采取了技术标准化战略，与同行的其他公司共同推广服务。最新的一件产品搭载了人工智能，能够判断出用户处于何种环境，然后提供与其相符的音场。而搭载了 MP3 播放器的"e 博士（Epod）"更是可以自由地设计音场（该产品曾荣获 2008 年 CES 的最佳卓越创新奖）。

同样地，丹麦的 B&O（全名 Bang & Olufsen）是高品质音响制造商，以优美的音箱和电话闻名。虽然 B&O 的音响产品作为大众音响产品来说价格不菲，但消费者们从中感受到了不同于日本家电的设计上的魅力，纷纷成为其拥护者。从这些商品的背后我们能看到体验设计利用了文化的记忆。

B&O 公司高超的设计是全世界有目共睹的，甚至在 1978 年纽约现代艺术博物馆（MOMA）为其举办过产品设计展。至于其主要产品、音响系统及扩音器，则经常用"B&O 体验"来强调体验的重要性。这种"B&O 体验"里不只包含了产品纯粹的外观和形象等设计要素，还含有体验到声音时所留下的感情记忆和音响效果（最高品质的"音响体验"）以及与之完美融合的易操作性和单纯性，还有操作时感到的喜悦等。

B&O 认为，设计师的责任不只是进行视觉上的设计，还要考虑到顾客的体验，比如操作感以及使用时的喜悦等。 该公司最近又与三星合作，推出了一款以女性顾客为主要目标的高级手机。

情感确实是一项至关重要的因素，而同时决不能草率地采用某种手法进行处理。 因为这不是追求愉悦这么简单的。 此外也不应该简单地操控消费者及用户的感情。 从情感入手时，与之相伴的是对人性的本质洞察和内省反思。 因此审美的要素自然就成为了不可缺少的媒介。

新的产品轴 3 "社会"——社会、环境的商业模式

创新经济下商品概念的 3 条轴里，最为重要的轴是"社会"和"环境"。

以往的硬件制造业务采用通过量产量贩获取利润的模式，然而不断的更新换代使产品还没到最大使用年限就不得不提前报废，必然地引起了环境破坏等诸多问题。 这种问题同样存在于金砖四国（BRICs）市场的批量业务中。 不用说，知识时代的产品必须以资源的社会最优化作为前提。 比如，以循环再利用为代表，活用过去的资产不但能节省资源，还可能重新发现物品在社会及文化中的意义。

活用常年以来积累的客户资产也是同理。 比如在照相机市场，由于产品的日用大众化导致了激烈的竞争，结果多家

相机制造商退出了市场。 现在最吸引消费者关心的产品，不是那些使用层出不穷的塑料素材制成的数码相机新产品，而是徕卡 M8、爱普生的 RD-1S 等旁轴数码相机；理光 GR DIG-ITAL 等小型相机。 这些高品质的相机系列，无论那一款都使用金属外壳并重视其作为一个平台的特征，而且可以再利用过去发售的镜头资产，或者继承软件资产，以实现升级或实现顾客的个性化。 从这个视角来看，iPod 对金属材质的产品背面打磨加工体现出的对物件的"考究"，或许也是这么产生的。

此外，除了硬件，顾客通过自身的生活体验而蓄积起来的软件——知识资产也与创新息息相关。 所谓创新，原本就不是指硬件的普及，而是创造社会性的知识并加以普及。 这意味着对整个社会所共同拥有的知识与智慧（即顾客的智慧和对环境问题的意识）进行革新。

向社会普及新知识并造福社会，从这一角度出发，超越了技术限制的"知识的创新"也应运而生了。 比如积极参与到环境保护领域就是一个体现。 下面就向读者们介绍一个如何尝试对分散型能源系统加以利用的案例。

把环境的经济性作为产品，摆脱环境=负担的定式

近年来，风力发电等替代性发电技术的影响力越来越大。 比如"loopwing 环状羽翼风力发电机"就是 2006 年日本优良产品设计大奖（Good Design Award）新领域设计部门的获

奖产品。 首先这种小型风力发电机的环状螺旋桨式羽翼非常
独特，让人不禁联想到了"莫比乌斯环"。 这种设计会消除
前段产生的漩涡，所以风力弱的情况下也易于旋转，并且声音
也控制到了很小（而以往风涡旋也一直是产生刺耳高音的原
因）。 当笔者看到这种风力发电机的外观时，直觉地联想到
了"二轮共转"的形状。 把大小相同的两个圆形垂直交叉，
并让圆心间的距离是半径的 $\sqrt{2}$ 倍，这样一来就没有了重心的上
下摆动，易于旋转。 这种形状经常用于高效搅拌机等。

　　不过，这种产品不仅外形设计得巧妙，更重要的是它提
供了一个能够更好利用包括风力发电在内的代替性能源的可
行性设计方案和商业模式。

　　与以往中央集中管理式的发电系统相比，被称作"分散
型能源"的发电方式，是一种能够随时根据需要和条件的变
化产生能源的体系。 这其中包含了废热发电、太阳能电池、
风力发电等。 比如太阳能发电可以在烈日炎炎的夏天利用太
阳能加大发电量，从而避免空调浪费地方的电力。 而阴天时
虽然发电量变小，但相应地也不需要那么多电力。 分散型能
源没有巨大的固定费用，是财政负担（基准费用）较小的系
统。 而同样，只要让环状羽翼风力发电机结合好风的发生情
况与发电的用途，就有可能成为一个更具适应状况能力的发
电途径。 其关键蕴含在社会中。

　　更进一步来讲，对于分散型能源来说最重要的，要看其
有没有社会普及力。 为什么这么说？ 因为所谓的能源系统

领域的创新，并不单纯是解决某个特定的科学技术难题，而是把有关环境的经济性的知识——相对于现有的集中型供给方式（规模性经济），分散型供给方式的经济效率更高——渗透向整个社会。 也就是说，现在的集中型供给系统的弱点不仅在于发电在技术上的低效性，还在于单极集中这一社会方面的低效性，因此规模型的经济逐渐不再被人们看作是有效的知识。 而分散型能源则在靠近用户（消费地）的地方设置多种多样的发电功能，并将其连接成网络。 这种机制的构想与当年计算机的小型化、公开化有共通之处。

图 2-5　小型风力发电机

　　而设计环状羽翼发电机的公司也不想只普及这种机器，而打算与专攻发电机品质管理的 Tortoise 等几家公司携手推广。 这就好比是"开放源码"式的商业模式，非常值得继续关注下去。 企业间合作的基础是专利知识财产。 虽然是间接的合作,但田宫公司(TAMIYA)也开始销售同样模型的风力发电工作组。 相信这也会对知识的普及＝创新做出贡献。

很早前就主张环境的经济性的保罗・霍肯(Paul Hawken),以及分散型能源系统(Small is profitable)的提倡者——落基山研究所(Rocky Mountain Institute)的艾默里・洛文斯(Amory Lovins)都把自然资本(natural capital)看作是除了人力资本、金融资本、制造资本之外的又一经济资本。自然资本是由自然资源、生命系统、生态体系的服务所构成的。 这是一种新的思路,企业通过制造维持生态系统的产品(例如减少二氧化碳排放量的产品)或开展相关业务、引进模仿自然系统的产品或服务的机制、重新为自然投资等实现可持续的发展并引发革新。

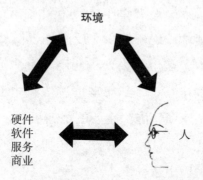

环境

硬件
软件
服务
商业

人

图 2-6　以环境为媒介对待革新的视点已经不可或缺

这种理念的目的并不是单纯使用能源效率高的技术或功能减少浪费,使发电机器达到环境标准。 它需要一种对系统整体进行优化的宏观视野。 例如,现在美国舆论之所以偏向支持使用核能发电，就是因为该国是世界最大的二氧化碳排放国，所以需要转向减少排出量的替代技术。 不过，就算把燃煤改为核能发电，只要中央集中型发电系统不变，就依然会在向下级分配电力时造成大量的能源流失。 这就是人们开始关注分散型能源系统这一革新的原因。

一直以来，产业和企业是以技术为基础并通过榨取自然而不断发展壮大的，所以与之相应，人们一直把环境问题看作是对攫取自然的赎罪行为。 但是，把环境问题看作是成本或者负担的认识已经逐渐成为过去。 可以说，日本企业在解决环境问题的技术方面具有领先优势，至于如何将其巧妙地反映到商业模式，或品牌打造，或提出更宏伟的社会蓝图，这些方面还有很大的变革余地。

比如说，日本虽然被看作是一个节省资源的国家，然而用在家电上的能源却绝不算少（反而处于增长势头）。 这是因为，现代日本人在生活中大量使用家电产品，并习惯直到深夜还工作或看电视等，结果形成了依赖电力型生活方式。这里就存在着使用新型能源生活的革新机会。 而随后即将介绍的三洋电机（SANYO）生产的充电电池爱乐普（eneloop）等在此道路上就迈出了一步。

蠢蠢欲动的超巨大市场 BOP

话说回来，当讨论新型物品与社会性的关系时，就不得不提到巨大的贫困阶层市场——金字塔底层（The Bottom of the

Pyramid，简称 BOP）。 因为这一视角从根本上打破了一直以
来"发达国家＝高品质产品"，"发展中国家＝生活日用品"的
思维方式。

在印度，以 IT 企业和消费品企业为中心的欧美顶级品牌
公司把贫困阶层看作一个充满了无数机遇的巨大新兴市场，
通过提供革新性的产品和服务不断获得更大的利益。 其结
果，使得雇用增加、收入水平和购买力也得到了提高，产生
了贫困阶层也获得便利的双赢局面。 而最近在其他发展中国
家也可以看到相同的动向。

据调查，现今世界上仍有 40 亿～50 亿的贫困阶层过着日
平均消费 2 美元以下的生活。 世界上超过半数的人口仍然在
日本人无法想象的贫困中艰难地生活。 而把这种"金字塔底
层"——即位于经济金字塔底层的贫困阶层看成是全世界最大
的发展市场的观点正在欧美的学者和一部分商业人士间逐步推
广扩大。 也就是所谓的微观产品或微观市场，这与以往的把
便宜东西当作日用必需品卖给新兴国市场的思路完全不同。

BOP 这一概念产生自 C. K. 普拉哈拉德（C. K. Prahalad）
的著作《穷人的商机》（*The Foutune at the Bottom of the Pyra-
mid*）。 普拉哈拉德也是最早提出核心竞争力的人，他从构思
开始历经 10 年时间进行了扎实的实地考察，最终完成此书。
该书一经出版立刻成为全美的畅销读物，并对企业、政府和
NGO 产生了巨大的影响。

把贫困阶层看成"消费者"，并制造革新以打入市场，就

必须在商业上找出一条完全不同于以往方式的新思路。 而在这一过程中所获得的 BOP 的经验教训想必也会给发达国家的商业带来变革，进而，"BOP 会成为下一个阶段在全球范围内扩大商业和善举的动力"。

"BOP 的消费者们，选择由于市场机制的变化而得以接触到的产品和服务，从而获得接受恩惠的机会。 如此一来，就会相应地迅速产生社会和经济的变革。 这是因为，BOP 的消费者们充满了企业家精神，在信息及可能性、基础设施的使用方法方面充满了想象力。"

例如在孟加拉国设立的乡村银行（Grameen Bank）面向贫困百姓，不需要担保，并向妇女贷款，在贫困者生活的村子里设有分行。 并且银行职员并非坐在办公室里等待顾客前来咨询，而是亲自走到乡间，伸出援助之手，让穷人拿贷款当本钱开展小规模生意，帮助其实现经济上的独立。

这既不是援助也不是救济，而是发掘需求以回报消费者的需要。 通过恰当地应用这种商业理论提供产品和服务，既提高了利益，同时又把"贫困阶层"改变成了"世界上最大的市场"，并戏剧性地改变了他们的社会。 在创新经济的时代，就需要这种投身社会变革的企业活动，而这种企业活动也会受到越来越多的关注。

新"礼品经济"

BOP 的崭新视点颠覆了 20 世纪的企业原本持有的事业战

略和市场营销策略的常识。 包含发达国家市场在内，无处不
产生着急剧的变化。

比如，就连"只要是消费者就会购买"这种最基本的常
识可能都会改变。

日本人在夏天的"中元节"和每年年底都有互赠礼品的
习惯，其市场规模在 1990 年以 1.9 万亿日元达到最高峰，其
后呈减少趋势。 虽然曾发生过厚生劳动省的前局长无偿收取
高级轿车和住宅改建金，防卫事务次官因行贿嫌疑被逮捕等
下层官僚行贿受贿的丑闻，但从经济交换的方式来看，馈赠
一直是人类社会所共通的行为，比市场经济有着更长的历
史。 虽然中元节和年末的馈赠在减少，人们赠送给太太或恋
人的礼物也比其他西欧发达国家少，然而给孙子外孙送礼的
行动却很流行。 也就是说，虽然程式化的馈赠和礼尚往来减
少了，但作为交流沟通的赠礼却呈现出微量的增加趋势。 根
据矢野经济研究所的调查，日用百货的礼品市场在 2006 年为
10.9 兆日元，2007 年则为 11 兆日元。

笔者曾在美国参与过一次消费者采访活动。 被采访人中
有一位年轻的女性，一段关于她所持物品的谈话非常有意
思：2 台个人电脑，一台是公司发给的 IBM 笔记本，而另一台
则是祖父为庆祝她毕业而买的苹果 iBook。 此外 iPod 和手机
也是别人送的。 总之，她虽然是个消费者，然而她所持的 IT
产品没有一件是自己买的——因为已经没有了自己购买的必
要。 这样一来，恐怕电脑厂商就必须重新研究市场营销的策

略了。

重新环视身边，会发现在亚马逊（Amazon）上购买礼品的行为非常流行。而在 iTunes Music Store，父母也可以购买送给自己孩子的礼品券，让他们下载自己喜欢的音乐。此外飞行里程和购物的积分制也算得上一种礼品。在实体经济停滞的环境下，飞行里程等交货和买卖的市场却很活跃。单是JAL（日本航空公司）的"里程银行"，会员规模就达到了1500 万人，会员可以得到各式各样的"优惠"。

这种现象就叫作"礼品经济"。

曾经，人们一直认为馈赠行为会伴随着市场经济的发展而逐渐衰退。确实如此，现在这个时代就算向官员或政治家赠送贿赂也不会得到更多的好处。哪怕这不是馈赠的全部目的，但看得出形式上的馈赠经济已经不那么热了。

然而，经济学家、经济人类学的创始人卡尔·波兰尼［Karl Polany，麦克·波兰尼（Michael Polany）的哥哥，后者提出了"内隐知识"］指出，人们交换财产和服务的方法多种多样。要想说明人类的交换活动和其动机，市场经济理论是不足以解释的［娜塔莉·泽蒙·戴维斯（Natalie Zemon Davis）：《16 世纪法国馈赠文化史》］。比如获得过诺贝尔经济学奖的经济学家阿玛蒂亚·森（Amartya Sen）曾明确地指出，"边际效用论"等作为经济学的基础不够全面，特别是在社会福祉经济中完全不够用。

现在让我们把话题转到个人电脑上来。现在礼品的提供

者不仅仅是企业，人称百（美）元电脑的儿童机（The
Children's Machine）是由麻省理工学院的尼古拉·尼葛洛庞帝
（Nicholas Negroponte）的非营利组织"One Laptop Per Child"
（OLPC——"每个孩子都应该有一台自己的笔记本电脑"）开
发的电脑，已经委托给中国台湾的生产商生产。 马萨诸塞州
向州议会提出了向州内全部儿童发放百元电脑的法案。 而在
现阶段（2008 年）以下各国均是接受捐赠的对象：巴西、泰
国、埃及、柬埔寨、多米尼加、哥斯达黎加、突尼斯、阿根
廷、委内瑞拉、尼日利亚、利比亚。

此外，比尔·盖茨财团提倡"新礼品"的方法，主张"为
健康和教育带来创新"。 他们设立全球图书馆，开展各种活
动使人们便于接触知识。

经济正在发生巨大的变化，在这个新型产品的时代，并
不只有产品在变化，而过去的战略和市场营销等关于产品的
经济交换的机制本身也在变化。 不必说，这一变化的巨大驱
动力量就是知识。 要对商业模式进行思考与分析，除了技术
和经济之外，社会和文化的立场也不可或缺，对于设计师或
企划人来说，尤其需要在理解变化的基础上具备包含史学在
内的一般素养。

3 设计是综合的能力

新型设计的作用

从以上两节可以看出，"物"在原有的经济性和功能的基

础上，其包含的环境、社会和文化价值具有越来越重要的地位。 上述产品概念的变化，不仅体现在作为硬件的"物"上，对于服务产品而言也相同，纯粹的服务不过是日用商品而已。 人们迫切希望企业提供的产品和服务能够具备"时间""情感""社会"的要素。

本书认为，新型设计是一种综合的能力，笔者在此将其命名为"知识设计"；而艺术型企业则通过将知识设计的方法论置于管理的核心，以此脱离 20 世纪的品质管理。

在这里必须重新讨论"设计"的含义。 之所以这么做，也是因为没有哪个商业上的概念像"设计"这个词一样同时包含着各种各样的含义、理解、误解甚至幻想等。 虽然这也是设计的力量的强大体现，不过至少可以看作是设计为 20 世纪的管理所带来的各种成功与失败、赞美与嘲笑的结果。 如今的设计，从用于提供单纯物品的"物品的设计"，到用知识解决问题和进行革新的事业、实践活动、服务等"行为、相互关联、系统的设计"，正进行着巨大的角色转换，并发挥着越来越大的作用。

本书将阐述"设计的力量"，这是持续发展所必不可少的。 而由于设计这一概念会让人产生各种千差万别的印象，所以首先必须对我们谈到的"知识设计"中的"设计"一词下一个定义。

容笔者在此重申，设计不是单纯地制造出一个有形状的物品，其本质的课题是以设计为媒介，解放企业和组织所包

含的智力和智慧。 笔者认为设计具有的力量可以扩大增强一
个企业或组织本身所具有的根本的智力。 换句话说，接下来
要讨论的设计，不是分析式的思维方式或能力，而是能够同
时满足以下 3 点的能力：

①给予管理和技术以社会洞察力，发挥将管理和技术有
形化的"媒介"的作用（mediation）。

②综合硬件、软件与服务等不同性质的要素，发挥"结
合"的作用（connection）。

③将长期的战略、管理和市场形态直观地视觉化和形态
化，发挥"形成"的作用（formation）。

设计的目的在于，"以最简单的结构和体系提供和表现出
多样且有内涵的概念及复杂的功能和重要事项"。 设计不只
是谈谈创意或提提口号。 设计这种行为，在其过程中以物
品、服务和信息等人造产物为媒介：

①对复杂的问题给予明确的解决。
②具体地实现以人为本的本质上的社会便利。
③并使人类的创新感得到满足。

以上 3 点，换句话说就是对"真、善、美"的追求。 也
就是说，在经营管理和构思策略时，要把设计的力量当作追
求真善美的方法加以利用。 而对于经营者和组织来说，所谓
的知识设计，也是一个人或一个组织按如下方式发挥其理解

093

力、构想力、判断力的行为：

①真＝客观且合理的理解力、构思力、判断力。
②善＝有政治性目标且遵循伦理道德的理解力、构思力、判断力。
③美＝有全局观且有一贯的理解力、构思力、判断力。

用设计解放日本企业的智力

现在回过头来看，日本的企业又处于什么状况呢？ 在日本国内每年应征优良设计大奖的企业和组织都在不断增加，人们对设计的关注得到了空前的提高。 设计和艺术又是国际通用的语言，日本企业要想在今后积极认真地打开国际市场，这个领域必须得到更高的重视。 但有一点，不能回到老路上，企图通过设计提高产品的附加价值。

简言之，要改变一直以来日本企业所持有的、向市场提供（supply）高品质产品的思维方式，并真正转变为创造新需求的思路。 新的制造业并不是单纯地听听客户的需求再喊几声"市场创新"或革新就能够实现的。 如果这么做，则与一直以来通过差异化、附加价值化来供给的供货商理论没什么两样，马上就会陷入日常商品化及价格竞争的恶性循环里。我们必须从这种供货商理论中及早抽身，在社会与环境、用户的体验、感情等层次追求看不见的价值，并创造出新的需求。 而创造需求的方法论，也就是位于创新周期领军集团的企业们所应用的设计。

而且，其实日本本来就具有为世界所承认的潜在的审美
文化力量。 日本的文化、艺术、传统曲艺为世界知名的艺术
家和设计师带去灵感的例子也不胜枚举。 问题就在于最近的
日本企业没能充分发挥出日本和日本人所拥有的艺术能力。

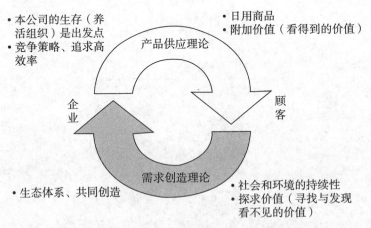

- 本公司的生存（养
  活组织）是出发点
- 竞争策略、追求高
  效率

产品供应理论

- 日用商品
- 附加价值（看得到的价值）

企业　　　　　　　　　　　　　　　顾客

需求创造理论

- 生态体系、共同创造

- 社会和环境的持续性
- 探求价值（寻找与发现
  看不见的价值）

图 2-7　由产品供应理论转变为需求创造理论

最近，提倡向新型制造业转变、恢复制造业地位的呼声
日益高涨，但一定要谨慎，不能让制造业重新返回到过去 19
世纪、20 世纪类型的老路上去。 在第 3 章，笔者将分析研究
企业要想发挥设计的力量并追赶上创新管理的大潮需要做的
事项以及最关键的要素；在第 4 章，在把"知识设计"作为企
业运营的方法论的基础上，结合实践，明确其定义。

第 3 章

名为"真诚"的资产

1　品质管理的局限性、向创新管理的进化

从技术企业到品质企业，再到创新企业

艺术型企业是属于创新经济世纪的企业模型，它所依据的不是 20 世纪的企业一直信奉的分析客观性，而是把创新的主观要素看作根本依据。 艺术型企业所具备的资质，或艺术型企业必须具备的条件有以下几点：

①有作为企业素质的 art。

能够有效地利用知识设计的方法论（预见、革新、形成）。

②追求真善美，并在美的维度求得实现。

把"真诚"作为可再生资源，置于企业活动的根基，追求美，并把美作为真诚的流露。

（不是被伦理或道德所压迫束缚，而是在伦理道德之上放置一个基于人类固有的创新的判断基准。）

③作为组织具有丰富的知识和智慧。

在高质量地蓄积知识与智慧的组织中，动态地发挥知识资产的力量。

（自由自在地关联各种要素，具备即兴发挥的能力，能够在没有领导人的情况下通过组织的生态系统创造出价值。）

以上要素是一个艺术型企业所必须拥有的，而笔者认为作为基础最为重要的要素是"真诚"。 本章将阐述什么是"真诚"，"真诚"如何改变企业，以及"真诚"如何在企业中酝酿而成。

在第 1 章曾介绍过，经济学家约翰·多布森提出了"审美管理者"这一概念。 多布森还提出过一个企业进化论，在他描绘的企业进化的图表中，20 世纪型的企业代表是"技术型企业"，而技术企业会向"道德型企业"进化，道德型企业又会向"艺术型企业"继续进化。 并且他提出，在技术型企业中负责管理的是"技能经营者、技能管理者"，道德型企业中是"伦理经营者、伦理管理者"，而在艺术型企业中则是由"艺术家型经营者、审美管理者"负责管理。

无需怀疑多布森的观点，工业社会为主导的 20 世纪恰恰就是一个技术型企业的时代。 技术型企业里的技能型经理人按照其技能优劣和是否胜任被评估好坏，而由他们率领的技术型企业推动了整个时代的发展。 但是，技术型企业在成功走上大规模化道路的同时，追求激进换来了技术的狂乱，引发了社会的摩擦，即造成公害环境污染和环境破坏等，以及由于单纯劳动和高效主义导致的人性疏远；而对于大量发生的交通事故，汽车产业也难逃其咎。

这些技术型企业必然要直面的问题，是产业社会本身所内含的矛盾，同时人们也逐渐认识到这些问题仅靠一家企业无法得到解决，是全社会乃至整个地球的问题。此后，作为对这些问题的思考，从 20 世纪 90 年代起，人们对企业社会责任（Corporate Social Responsibility，简称 CSR）及遵守道德伦理的关注急剧升高。

多布森认为这种变迁在某种意义上讲是必然的现象，同时还认为技术型企业最终会辩证地进化为"道德型企业"。也就是说，当技术型企业彻底完成了实现自我的技术革新的使命后，在下一个进化的阶段，会派生出基于伦理的"道德型企业"。多布森所谓的道德型企业，与品质管理、品质企业的含义相同。

日本的企业在道德型企业的阶段，以高度的技术能力为背景实现了世界一流的品质，其构建的组织和机制通过无止境地追求高品质获得了压倒性的优势。进而，在环境保护技术上取得的成果也处于世界领先地位，日本企业作为道德型企业不懈努力、兢兢业业，堪称世界的典范。"丰田生产方式"也始于日本，在世界范围内被视为品质管理的圣经，丰田在实际业绩上也成为了全球第一的汽车公司。

汽车是由欧洲人发明的，路易十四时期陆军的技术大尉制造了代替马来牵引大炮的巨型蒸汽汽车——世界上第一台具有"自己可动"功能的车辆诞生了。 根据留下的资料记载，这是发生在英国的詹姆斯·瓦特（James Watt）发明蒸汽机（1767 年）两年之后的事。

不久之后，人们相继开发出了汽油机、蓄电池、柴油机，而当发现汽油机效率最高后，开发的竞争迅速激烈起来。1860 年法国的莱诺（Etienne Lenoir）成功实现了内燃机的实用化，而在 1862 年，使用该内燃机的汽车试驾驶成功。 受到这一成功的激励，德国的工程师奥托（Nicolaus Otto）于 1863 年研制成功二冲程发动机，并于 1876 年成功研制出四冲程发动机——这就是今天的大功率发动机的出发点。

就在戈特利布·戴姆勒（Gottlieb Daimler）开发四冲程的汽油发动机的同一时期，在距离仅几十英里远的地方，卡尔·苯茨（Karl Benz）正在埋头研究实用型的汽车。 由戴姆勒和苯茨这两位"父亲"制造出的汽车，从此之后贪婪地吸收着每个时代的最先进技术，不断实现着进化。 汽车产业成为了推动 20 世纪进步的巨大产业，而活跃在这一产业中心的正是欧美的先锋技术企业。

然而，经过了大约 100 年的时间，欧美的先进技术企业在市场上的绝对优势受到了后来居上的日本汽车生产商的品质管理（道德企业）的威胁。 并且在 21 世纪初，日本引以为豪的道德企业丰田，通过其严格的品质管理，在汽车这一 20 世纪最大的产业里，超过了身为鼻祖的欧美知名大型企业，获得了世界第一的地位。 可以认为在这一时刻，技术型企业的

101

时代划上了句号，而道德型企业和品质管理的时代迎来了最高峰。

多布森的企业进化论同时也看透了道德型企业的致命弱点。他认为，道德型企业的局限在于其追求效率的同时也追求道德和伦理，这一自我束缚的态度最终会导致人类本有的创造性丧失。于是他提出，在进化的下一个阶段，"艺术型企业"正是21世纪企业的理想形态。

进退两难的品质管理

道德型企业或品质管理，越追求完美就越有可能陷进圈套，压抑着为其工作的人们的创新性。道德型企业身为一个原本就有高级技术的企业，特别是其组织在内部汇集了众多优秀的技术和开发人才，并依靠他们的独创性和灵感支撑起整个企业活动的基础，而与此同时，又出于其道德型企业的性格特征，严格地追求高品质、高效率和高顾客满意度，以至于孕育在内部的企求独创、希望发明的热情受到了极大的抑制。这是由于这些企业为了遵守伦理道德和规范秩序而不得不采取压抑创造本性的行动，有时甚至不惜舍弃创新性，宁可首先重视遵守伦理道德。

等候在道德型企业前进道路尽头的，是自我约束和革新的自相矛盾。在严格的伦理观念和道德约束中是绝不可能接连不断地创造出颠覆常识的新点子的。但是，在今天的企业管理中，又必须进行日常化的创新。正因如此，道德型企业陷入了一个分裂的状态——在不断改善追求高品质的同时，又必须不断创造革新。 这种状态很容易让一个企业变得只顾磨炼自己原有的技术，不求创新与突破。

多布森启示我们，当这种自相矛盾无法再得到化解时，企业进化的第三形态会在克服其困难后出现在我们眼前，这就是审美管理者以及"艺术型企业"的诞生。 也就是说，道德企业为了追求至高的品质而一直压抑在其内部的创新性，会在超越了伦理的层次上借助艺术和美的力量表露出来。

这并不是多布森的一己之见。 实用主义的创始人、美国哲学家、科学家查尔斯·S. 皮尔士（Charles S. Peirce）曾说过，"美学是理念的科学，……伦理学要想决定至善就必须诉诸美学并求得其帮助"。 技术型企业在其反作用下产生的企业伦理和工业伦理，也应该以美（艺术）为触媒，转变为更高的善。

艺术型企业的登场，具有与创新运动相同的时代背景。当然，经过仔细观察就会发现这种倾向不但因地区而异，而且不能对其进行一般化处理。

然而，艺术型企业也可能让以往的企业伦理和企业的社会责任（CSR）发生新的变化。 对这个问题，可以这么来看：企业所具有的与环境间的本质矛盾让其不得不向道德企业转型。 而在向道德型企业转变的过程中产生的副作用则是，企业取代了消费者和顾客，逐渐扮演起了"企业市民"的角色。 而另一方面，正如在美国等国家所看到的，在谈到与民主主义的关系时，有人认为原本应该由市民担当的伦理性活动的主体性过分偏向了企业一侧。也就是说，社会和环境伦理不应该由企业，而应该由市民作为主体，去寻求共通的善。因此企业必须超越道德企业这一阶段。

可以说，这是在"企业与政治"、"市场主义经济与民主主义"的对立面下产生的争论。而艺术型企业的作用就是要超越这种争论，即超越道德企业这一形式。新型消费者出现了，他们具有新一代市民的特征，并具有新的消费者意识，美的企业将新型消费者的出现看作是契机，并把不断生产出创新产品作为自己的使命——艺术型企业拥有这种全新的意识倾向。

按照多布森的企业进化图表，在技术企业向道德企业进化的过程中，通过蕴藏在企业里的开发者气概和独立创新的精神扬弃掉与社会伦理和道德约束的抵触，并走向可以发挥更高层次的创新美的企业的阶段——这就是企业组织要走过的进化的必经之路。从这种意义上来说，在第 1 章介绍的创新运动的企业都超越了伦理与创新的二律背反，到达了呈现出内在创新性和热情的阶段。而在第 2 章我们讨论了"物"的概念的变化，这也可以看作是那些卓越的企业依靠内部迸发出的创新性去探索产品的重生（对于那些一直以来我们只看作是单纯的物品的商品，思考如何对其注入新的意义和价值，使其重获新生）而得到的结果。

真诚的艺术型企业

在品质管理中我们一直以来对物品所持有的概念，到了创新管理中则发生了很大转变。 比如以谷歌为代表，来自网络的服务不断扩大，让今天的顾客可以掌握充足的信息。 而相反地，如果顾客没有掌握信息则会要求获得，其结果带来了信息非对称性的减少。 信息公开已经成了最基本的条件。在企业与顾客相互关系的基础上所提供的"产品"已经不再是单纯的物品，而逐渐变成未完成的、与顾客共同去创造的事物，这或许也可以称之为体验的幼苗。

创新管理时代的顾客不是追求快速消费的享乐主义者，而是企业在知识与智慧上的伙伴。 所以企业开展业务的关键在于如何让顾客参与到价值生产的过程中、如何使其成为可以共同思考互相理解的共同体的一员。 换句话说，做不到以人为本的企业就不可能做到与顾客共同前进，也就无法创造出价值。

这样的条件要求企业在态度上进行转变。 而改变态度的核心，是"真诚"。 在创新管理的周期里，归根结底还是真诚（认真而有热情）。

创新不可或缺地需要一种做事真诚而一心一意的态度。这既表现在集中力上，也体现在持久力上。 比如那些偶然发现到的新事物（serendipity），也是在首先存在着一心想去追求的某种东西的前提下产生的。 真诚是一种意欲寻求真、探求善、并到达美的态度。

105

正因为如此，真诚是知识工作者和其企业的基础资质，真诚在创新管理的周期中，是一个企业主张创新，以实现社会和顾客的至善为目的，发挥组织的作用，实现具体成果时所必不可少的。 真诚是人类所独有的态度，对一个企业而言恰恰就是可再生利用的资源。

真诚（sincere）一词起源于拉丁语的 sincērus，它表示"纯粹"的意思。 所谓的真诚不在表面功夫，而在于内含的真实与正直。 这意味着质朴、探究和求道的精神。 弗吉尼亚·伍尔芙（Virginia Woolf）就曾说过："真诚的小说必然具有自传的性质。"

在企业管理中，真诚出现的形式多种多样：或者是对功能或形状的考究，或者是对研究开发热忱的态度，亦或者是一贯的企业理念和日常活动的基准。 更具体来说，真诚不仅体现在管理者身上，它甚至是每一个员工都具有的、以自己的人生作为赌注追寻什么是最好的精神，同时也是在找出最应该做什么之前绝不停止思考的态度。 正是这种真诚的态度，调动了每一个人所具备的潜在能力，并给予组织以动力和实践能力。 而且真诚是一种可再生利用的资源，它将成为艺术型企业最为重要的资质。

当怀疑只为谋求市场占有率、销售额、利益的竞争的意义的时刻到来时

在全球通货紧缩大行其道的背后，发生着所有的经济价值逐渐日用商品化的现象。 被这股大风浪打击得最严重的，无疑是制造业。 虽然产品可以被一次又一次地生产出来，但这样的行为却跟利益挂不上钩。 而把这种量产型系统发挥到极致的日本企业，也在迫不得已的情况下迎来了这一体系的终结，留下了最深重的伤痛。

如前所述，20 世纪是技术企业的鼎盛时期。 但反过来看，也是人类与机械相互争斗的时代。 这是一段机械的大量生产与人类的少量生产相对立的历史。 美国的技术企业推进了 20 世纪产业进步，它们一个个都把机械性的大量生产推向了极致，并最终走进了一个死胡同，徘徊不前。 而与此同时，日本踏入了欧洲的传统品牌没能实现的领域，发展"手工式制造并大量生产"，努力追求品质的价值，并通过生产技术获得成长。

确实，日本的企业对待自己生产出的物品，即作为个体的产品，一直以来保持了一心一意的真诚。 但是正如本书之前所看到的，如今只靠向市场提供个体产品来获取市场占有率，已经生产不出持续不断的利益。

知识经济要求企业所做的，本来就是开展创新，创造持续不断的知识。 但是这并不只包括技术性的成分（或者说追求技术知识），更重要的是基于思索何为人类、探索社会以及人类本质的精神、手法和概念。 这种倾向自 2000 年之后，在向创新经济倾斜的过程中越来越强烈。

代替"世界第一 CEO"杰克·韦尔奇（Jack Welch）担任

107

通用电气公司首席执行官的杰夫利·伊梅尔特（Jeffrey R. Immelt）在某次采访中回答说"通用电气公司在今后会把更多力量投入到创新上"。对这一回答感到不可思议的采访者问道："通用电气公司在这 100 年里不一直都是创新的先驱吗？为什么还要再提创新。"伊梅尔特是这样回答的：

"在全球一体化经济下，商业的所有领域里价格的压力都在不断升高。要想在此环境中保持发展，唯有创新。……创新不仅仅是任意一些应该做好的事，而是真正需要优先解决的课题。我们已经有了优秀的管理团队，创造出能够持续引发创新和不断产生技术的组织文化，我需要在此之上更加努力去做。"

今天的创新绝不再是"偶尔为之"的，也不再只是工程师和科研部门的问题，它成为了一个组织中日常的问题。在不断持续变化的经济中，世界上的大型企业都为把创新的习惯作为文化植根于企业煞费苦心。总之，经营者们已经感到了危机，认为在组织的实践一线上，必须把能够带来不断创造革新的知识创造的方法论和过程以及实施的场所和网络植根于组织里。

一直以来，当谈到创新时，人们所持有的往往是两种相互对立的古板印象，即以技术革新为基础的"划时代的革新"，或以不断改善某种特定产品为基础的"渐进性的革新"。前者是由特定的发明家型的工程师或企业引发的创新,而后者则往往与更加系统化的创新或国家用于创新的系统联系在一起讨论——特别是后者,一直以来被看作是日本企业的看家本领。 不,无论前者后者,都可以看作是在以发展"重厚长大"型产品为中心的时代下,大型制品生产企业或国家级的创新模型。

然而,在创新经济中应该去做的,既不是大规模的"技术革新",也不是有组织的产品改善,而是"知识创新"——即更加日常地运用自身的想象力、构思力以及开放的网络,不断对业务和产品的概念、价值观、意义进行创新。这种创新是新一阶段的创新,不论是对个人或对企业,也不论是对产业或对某个地域,都应该加以实行。

日本依靠一直以来的生产制造方式继续保持竞争的领先优势也未尝不可能。 然而,在已进入 21 世纪的今天,卓越的企业们展现给我们的要素绝不只是依靠提供单个物品来提高市场占有率或营业额、利润。 现在,对继续进行原来那种竞争究竟有什么意义扪心自问的时刻到来了;重新对自己公司的经营形式进行深入反思的时刻也已经到来了。

2 "真诚"是企业的资产

管理者要思考管理中的真诚以及知识的品质

让我们重新来思考,管理中的"真诚"到底是什么。

彼得·德鲁克曾说过,对于管理者来说最起决定性作用

109

的既不是教育（博学或明确的知识）也不是技能，而是真诚的品格。 他认为真诚是无法靠蒙混换来的。 不用说，这种资质正是 21 世纪的企业所应该具备的。

"说实在的，新的任务已对明天的经理提出了这样的要求：他必须把自己的每一个行动、每一项决策都建立在坚实的原则基础之上，他不但应该通过知识、能力和技巧来实施领导，他更应该通过洞察力、勇敢精神、负责态度及真诚品格来领导好他的部门。不管一个人受过什么样的普通教育，也不管他受过什么样的成人管理教育，在将来情况将会与过去不同，到将来最起决定性作用的既不是教育，也不是技能，而是一个人的真诚品格。"（彼得·德鲁克：《管理实践》）

同时，身为一名经理，既要像一个家长，又要像一名老师。 这时候，只有对工作上的热爱是不够的。 德鲁克认为身为一个人的真诚品格才是起最决定性作用的，甚至断言"欠缺真诚品格的人是不配当一个经理的"。

21 世纪的企业和经营者要在真诚的基础上开展新的革新。 也就是说，以真诚为基本点审视顾客和市场，并重新思考什么是创新、创新为了什么这些问题，就能够清楚地知道，创新不再仅仅是为了一个企业的利益。

具体做到什么才算得上创新成功？ 实际上这并不存在明确的目的或形态。 不应该只看到商品是卖得好还是卖不好，而应该提出并不断构建一个能够生产出持续价值的机制。 不管怎么说，创新的源泉毕竟不同于过去形式化的组织，而是个人和集体的感受和洞察。这种主观上的价值会通过产品和商业模式等客观的系统逐渐具体化。这些不是单纯的技巧或工具能够产生的。

现在大多数的企业，都走到了技术一边倒的研究开发的极限，开始反思分析式的经营和过于偏重管理所产生的问题，并呼吁重新重视第一线主义。而出现这样的动向，也是因为以分析为基础制定目标并疲于与其他企业竞争的管理方式，正在向按照感受和将来的展望、计划，追求只属于自己的市场和便利的管理模式转变。在发展的背后，必须有一个组织，能够协调地创造出知识的信赖感和强大的志向。所以，如果不能够不断地汲取组织中每一个人的感受并揭示出一个超越企业利益的理论框架的意义，就产生不出真正的活力。

如今不要说理论分析式的判断或决策工具不再管用，如果只依靠压抑人性的严格的系统，也绝对不会看到未来。我们需要解读今后的社会与经济动向，洞察企业的未来。为能做到这一点，就必须拥有灵活应对未来变化的感性，并具备设计出面向未来的知识方法论或价值的能力。

笔者以为，是苏曼特拉·戈沙尔教授意识到创新管理的周期，并较早地指出了新型管理理论的必要性。戈沙尔强烈地批判了迈克尔·波特（Michael Porter）的理论，认为后者的"五力分析"等竞争框架（由"供应商的议价能力"、"买方的议价能力"、"竞争企业间的敌对关系"、"潜在的行业新进入者"、"代替品的威胁"构成）里完全没有反映出作为人的意图和选择。 这些要素固然对于固守现状和定位竞争企业（并进行交涉）有作用，但这个理论没有把人类的创新性考虑进去。

20 世纪的管理理论是以市场的高效性为基础的经济学理论。 与这种理论相反，戈沙尔也认为经济价值的源泉是知识。 于是他指出，为了求得市场的高效性并制造出不完全竞争的状态而分配优先的资本的模型将被取代，必须构建一个以思考如何共享并创造知识为基础的管理理论。 并且他认为这种理论又对又好（right and good），归根结底，就是要有真诚的品质。

生态伦理学

真诚最根本是要有遵循伦理的态度，而原本所谓的伦理，意味着在人与人之间作为人应该遵守执行的道义，所以伦理学是关于人际关系的学问。 在近代以前科学技术还没有兴起时，伦理主要是指人与人之间的公正以及人道的态度等。 但是在科技已经威胁到地球环境安危的今天，伦理的态度所涉及的范围已经超越了人与人之间的关系，甚至扩大到了人与物的领域。

例如日本经济团体联合会制定的《企业行动宪章实施指南》（2007 年 4 月 17 日）中也提到，企业遵循的伦理，除了面

112

对顾客以及企业之间的公正，还要考虑到与社会的关系甚至与地球环境的关系。

哲学家、美学家今道友信先生一直主张，"虽然伦理学在历史上是作为处理人际关系的伦理发展起来的，但必须将其扩展到处理与物之间关系的伦理上去"。并且，他把这种新的伦理学叫作"生态伦理学"（ecological ethics），这意味着人类有责任丰富自然，与自然同呼吸、共命运。更进一步讲，生态伦理学除了包含对"自然"的态度，当然也包括了对待"物"的态度。

当今在日本"生产制造"的方式大行其道，这当然也是生态伦理学的研究对象，而所需要承担的责任不仅是指对个性化的物品的品质负责（生产品责任），更是指生产制造的本质态度。比如说这些责任也会与今后能够预想到的制造机器人的伦理及生物技术产业里提供物品的机制等密切相关。

人们对生态伦理学的重视，源自于近代以来人们过分依赖技术和技能，甚至人类本身都不断被当作"物"来对待而产生出的巨大危机感。海德格尔（Heidegger）曾经警告过世人，生活于现代社会的人们已经在技术性和工具性的环境世界中迷失了自我，变成了像机器或物件一样的"人"，他主张恢复人类原本的存在。

当年我们只把生活在自然环境中作为前提，在那个时代下的伦理没有想到我们有一天会依靠高度发展的技术并生活在人工的环境里。今道友信先生认为，为了人类在近代以后

113

的高度技术化的环境中生存，或为了人类能超越这一状态，需要借助艺术和生态伦理学的力量。

真诚和艺术对于现代的企业和组织具有重大的意义。 在企业活动中，需要更加积极地吸收生态伦理学的观点。

在上一章曾介绍过，艾默里·洛文斯博士强调了自然资本（nature capital）的重要性。 洛文斯认为，资本原本包括工业资本（物理资本）、金融资本、人力资本、自然资本。 这些资本通过生产性的利用和再投资而成立。 但是现在的资本主义以金融为中心，所以不能称为真正意义上的"资本主义"——比如现在几乎没有哪个企业会在会计报告中表示自己的经济活动消费了多少自然资本。 然而，自然资本确实是最为重要的，如果没有自然资本，则既不存在生命，也不存在经济活动。 但是，自然资本在资产负债表上只有不断消费，而没有再投资。 毕竟，拼命朝蓄积金融资本的方向前进才是现代的资本主义的基本形式。 在重视自然资本的基础上，笔者想再加入一项知识资本（社会及文化所拥有的知识蓄积和能力、社会性系统），并将其看作"生态资本"。 自然资本与知识资本一样，虽然都是经济活动最重要的基础和资产，但一直以来几乎都被人们忽视了。

比如，正像阿尔·戈尔（Albert Gore Jr.）在其著作《难以忽视的真相》中介绍的，曾经那个年代，美国从来没有想到过自己的企业活动会给环境带来破坏。 美国原本是新教徒建立的国家，就像马克斯·韦伯（Max Weber）在其著作《新教伦理与资本主义精神》中提到的那样，企业活动与社会性的便利有本质上的联系。 韦伯向我们明确指出，由于新教徒的世俗禁欲主义与资本主义的"精神"吻合，从而导致了近代资本主义的成立这一"预料之外"的结果。

可以认为在这种传统下，虽然时常有人抨击企业的虚假行为背离了待人的伦理，但人们还是一直认为企业活动在本质上是行善的。 一般来说企业是为公众服务的工具，所以"企业活动＝恶"这一公式一直都很难成立。 不过，现在美国也有极少的一些领域以超过日本的积极态度努力解决环境问题。

回过头来看，日本又是怎样呢？ 从企业活动来看，"公司"就是一个"（封闭的）社会"，没有太多为公众服务的工具的色彩。 而且正相反，日本存在的问题是，由于表面上看来技术一直与环境和谐相处，二者呈均衡的关系，所以也存在只把环境问题当作技术问题看待的危险。 虽然在技术方面"单项"的技术水准很高，但从社会体系来看反而存在着效率低下的问题。 比如市民们挤满电车一齐奔向市中心工作，并且每天在灯火通明中工作到深夜，这种实情又怎么谈得上节省能源？

不过，日本自古就有"大义"这个概念。 虽然令人遗憾的是在历史上的一个时期大义被用在了解释国家主义上，但这个词原本是指人的道义和崇高的志向。 或许可以说这一思想也与技术化之前对于神道崇拜自然的敬畏等有着紧密的关联。 这或许也能从下文要介绍的本田开发的 CVCC 发动机的故事中看出来。 这里笔者想事先强调，本田在开发 CVCC 发动机上的逻辑方式，并不是出于油耗效率高或者不断成长的混合动力车市场，而是因为他们怀有真诚的志向，也才会在经济上带来回报。

正如笔者反复阐述的，伴随着知识社会与经济的发展，时代正在从以有形资产为基础展开竞争或靠硬实力进行管理，逐渐转变为以无形资产为基础，进行知识管理。 知识管理就是以人类为基本点进行的管理，而创新管理作为知识管理进化的一个过程，要求我们拥有具体实现个人的志向的新型知识体系和组织。

找到这些变化的萌芽并培养壮大绝非易事。 但是，企业必须把这些志向具体落实出来。 当今的时代更加全球化，更应该考虑社会性和环境的问题。 与上一个时代依靠大量生产和分析来制定策略不同，今天的企业的目的已经不是在竞争中取胜或占据相对性的优势。 企业的目的，最根本是要体现对"社会知识"的关注和对待企业伦理的态度——这些正是真诚品质的体现。

站在真诚的视点上可以更清楚地看到，日本企业一直打不进高级市场绝不是因为生产制造的能力有问题。 论生产制造的技术水平，日本企业处在世界的最高峰。 问题出在了缺少技术之外的要素上。

企业想靠单件产品的良好功能和质量为自己公司创造利

益，但如果只是为了"高价出售"才进军高级市场，只会被人一眼看穿。 进入高级市场靠的不单是在规格和功能上胜出，最关键的是一种哲学，即以怎样的姿态参与到用户全方位的生活中。 而在这里，就突显出了设计以人为本的重要性。

从社会和文化的角度去思考公司最根本的"目的"是什么，比拟定战略制定产品计划都重要。 今天日本的企业正处于这样的环境中。

本田宗一郎决定引退的瞬间

日本放送协会制作的纪录片"Project X"的第一期系列第5 部，"一台惊动世界的汽车——与著名社长奋战的年轻员工们"（2000 年 4 月 25 日播放），讲述了本田的研发者们最先达到了美国"马斯基法"规定的严格的尾气标准，并开发出惊动世界的"CVCC 发动机"的奋斗故事。

1969 年（昭和四十四年），由于畅销车型发现了缺陷，本田陷入了公司生死存亡的危机。 公司以 20 多岁的年轻工程师为中心，启动了"低公害发动机计划"。 面对年轻人们意图采取"改良"以领先其他大公司的技术的方法，社长本田宗一郎执意于开发自主的技术——4 年后，该项目把在 F1 赛车中发展起来的"彻底燃烧汽油"的技术应用到了一般发动机中，通过全新的方法实现了低公害化。

"这样我们就能成为世界一流的汽车公司！"

117

本田宗一郎社长如此欣喜地说道。然而社长的这番话却遭到了年轻工程师们的强烈反对。

"我们一直的努力都是为了社会，而不是为了战胜什么美国汽车三巨头。"

听到这番话，本田深切地感到"自己的时代已经结束了"。于是不久之后他让出了社长的宝座。

"给孩子们留下一片蓝天"，其实原来是这个项目的口号。CVCC 发动机的研发负责人久米是志这样回忆道：

"说到底，只为公司的话我们做不到这些。我们一直在互相鼓励，这么做是为了社会。这里面有一种使命感。"

原来在世界为之惊叹的低公害发动机诞生的背后，还有这样一段卓越的社长本田宗一郎和年轻的工程师们超越了年龄和辈分，较量奋斗的故事。

真诚不是挂在嘴边的口号，而是像本田的社长和员工们所做的一样，由内向外产生出来的。如果我们看到一个企业的领导大张旗鼓地渲染真诚的管理，不禁会感到不适，这是因为真诚的品质包含在每一个人的生活态度中，也蕴含在作为知识生命体的组织的发展方式里。

同时，创新管理对这种真诚品质的要求，也会影响到组织的形式如何。在这种影响下，员工和工作伙伴不再是"公司人"，而是一个个活生生的个体。而他们能够认可的规划和原则，自然就成了创新的起点。

118

3 向知识创新范式和模型的转换

网络化的"个体"组织

在知识社会和知识经济里，社会和经济财富的源泉正从具有实体的有形资源和资本向知识转变。 这一变化在由品质周期向创新周期转变的状态中显得更加突出。

企业管理的本质，是从基于赫伯特·西蒙的有限理性理论和有限认知理论的信息处理范式和模型，向通过个体和组织的互动作用创造知识的知识创新范式和模型的转换。 也就是说，管理的重点正在逐渐聚焦到实践第一线的"个体"水平的知识上来。

在企业的实践第一线，知识工作者即"个体"取代了一直以来的蓝领和白领的概念，正逐渐成为知识（价值的源泉）的生产者。 在第 1 章介绍的创新先锋企业中，公司和其组织面对第一线，已经开始自觉地意识到了自己生产出的知识的价值。

表 3–1　变化中的企业的模型

传统模统：	知识经济、知识社会的模型：
把企业存在的理由看作是抑制机会主义和交易成本的内部化[威廉姆森（Williamson），1980]	企业的个体与组织的网络变换为价值[科加，赞德（Kogut，Zander），1993]
基于西蒙的有限理性理论和有限认知理论的信息处理范式（1987）——阶层、分工的正当化。	通过个体与组织的互动创造出知识的创新模式与结构（野中，绀野，1995）

119

例如，正如开放式创新和开放源码模型所代表的，以超越了企业间界限的知识网络为基础的创新变得越来越重要。开放型创新（即所谓的"加利福尼亚模型"）利用以个体为组织的大范围网络，并通过这个网络自由地移动个体的知识而得以实现。 可以说创新已经不再是一个封闭的活动。

一些有着悠久传统的大企业，也在积极开展开放的机制，例如 IBM 全球性的创新脑力大激荡（jam session——原意为"爵士即兴演奏"）、宝洁（Procter & Gamble）的"联系与发展"（connect and develop），或者宝马（BMW）或波音（Boeing）等重工业企业的对等协作生产（peer production，即开放式合作）等，不仅在公司内部交流、交换意见，还获得并融合了来自外部的点子。 IBM 的"创新脑力大激荡"，是以 CEO 帕米萨诺（Palmisano）为中心，在公司内部互联网的虚拟市场上，于 72 小时内汇集 5 万名 IBM 的员工同时交换想法的活动，讨论涉及了关于领导班子和酬劳的意见、竞争、市场以及 IBM 的价值观等各种话题。

个体的组织化和网络化促进了创新型人才的崛起，也就是那些知识工作者们。 随着知识工作者的增加，企业面临着在组织、人事、教育、IT 系统等方面做出相应调整的课题。既然知识工作者成为了主角，那么企业价值的大小也必然会逐渐依赖于他们。 2002 年诺贝尔奖获得者、岛津制作所的田中耕一就是一个典型的例子。

过去资本家们所持有的生产手段已经逐渐转向了个人。

不用说，现在的生产手段正是个人的头脑和经验，以及依靠合作型的网络进行创造、使用和综合知识的手法与技能。 虽然股东们手握资产负债表上的有形资产，但他们已经不再能够影响到身为无形资产的知识工作者们，并有可能相对地不断降低自己对企业管理的发言权。 以往过分注重股东的利益，已经到了反省这种思路的时刻；在知识时代下的企业里，把股东作为企业的最终所有人、受益者的公司管制（Corporate Governance）也必须逐渐改变。

也就是说，知识工作者不是一个换了面目的白领，在这种意义上，知识社会绝不是以信息社会为基础的简单延伸。

白领的终极形态是专家、行家等有专门技术的人。 专业精神（Professionalism）作为一种价值观确立于 20 世纪。 所谓"专家"，是依靠高度的知识和技术解决客户难题的专业人士。 虽然专家的职业形态多种多样，但是都要求他们具备专门的技能以及追求最好结果的态度。 但是这样的资质未必是知识工作者需要具有的。

通用电气公司的 CEO 伊梅尔特（Jeffrey R. Immelt）说："在低成长的世界里，企业所需要的发展恐怕不会是由（以前那种）专家式的经理所带来的。"今后出现的知识工作者具体是什么形态，对于上一个时代的人们来说，恐怕是难以想象的。 这就好比是上个时代或上上个时代很难想象我们现在的工作形态一样。

曾经我们一直从事农业的曾祖父和祖父们的一代人成为

了城市劳动者，而到今天我们的父母和我们的一代有了各种不同的职业，并要经历多个人生阶段。 现在，过去那种程式化的专家、内行的概念已经渐渐褪色了，我们需要重新思考什么是专家真正应有的姿态。

脑部科学家茂木健一郎主持的电视节目"专业人士的工作风格"（The Professional），虽然节目名字中提到"专业人士"，但参加节目的嘉宾多为设计师和漫画家。 可见，这个节目所指的专家更倾向于是以这些职业为代表的专家。 如图3-1所示，创新型知识工作者是由专业的业务来支撑的。

图 3-1　时代转换，创新型知识工作者由专业来支撑

创新经济下的企业，正在从封闭而有阶层的信息处理模型向开放的网络型知识创新模型转变。 每一个知识工作者采取通过网络集结智慧与知识的工作方式，发挥自己的个性进行工作。 他们未必总是去追随客户所关注的。 倒不如说，偏离客户的关注反而更可能引发出创新。

事实上我们也会经常看到，那些不把只能做协调工作的中层领导放在眼里的，在现场丝毫不在乎论资排辈、没有等级观念的，但却擅于创新，创意层出不穷的年轻的"巨匠"们玩转了企业的整个第一线。 至少这种光景变得越来越现实。因此，教练技术（Coaching）等新的领导能力受到了越来越多人的关注。

只是，知识工作者也有着与过去专家的共通之处（或可以称其为超越了专家的要素）。 被《追求卓越》（*In Search Of Excellence*）的合著者汤姆·彼得斯（Tom Peters）誉为"专业服务公司（Professional Service Firm，简称 PSF）领域的导师"的大卫·梅斯特（David Maister）说过，"信任"才是专业的精髓。 信任意味着能够站在理解未来的社会价值和人类价值的角度向顾客提议的精神，取代了专家纯粹的唯我主义和专业意识。 毕竟顾客不在所有方面都是上帝。 基于这种信任，让从事工作的每一个知识工作者进行"智力的磨炼"，并培养他们真诚的品质，就成了一个企业最基本的组织能力。

天才、茧居族与知识工作者

放眼世界，我们可以对新型工作者创造新价值的创新经济形成一个大体的印象。

根据这种印象，对照现在的日本社会来看，虽然创意和创新性与经济价值挂钩的时代已经来临，但人们面对限制创新的经济和产业结构却往往甘于现状。 至少在日本这种资源有限的地区，不断促进创新经济是留给人们的唯一出路。 为此人们本应该解放个体的创新性并积极创造价值，然而现实

123

中个体的创新性却被各种阻挠压得喘不过气来。

反映这种情况的一个典型现象就是"茧居族"的问题。

好莱坞拍过一部叫作《心灵捕手》（Good Will Hunting）的电影 { 1997 年金球奖最佳编剧奖、奥斯卡最佳原创剧本奖和最佳男配角奖 [罗宾·威廉斯（Robin Williams）] }，讲述了一个有数学天赋的年轻人的故事。

故事描写了由马特·达蒙（Matt Damon）扮演的、虽然生来就有天才头脑，但由于年幼期受到虐待留下了心灵创伤，面对周围事物把自己深深地封闭起来，终日过着放荡不羁生活的年轻人威尔·杭汀，在与罗宾·威廉斯扮演的（同样抱有心灵创痛的）心理医生尚恩相互交流沟通的故事。 两个同样有着无与伦比的才能，却因为无法愈合的心灵创伤而封闭自己的人，在痛苦挣扎中相互理解，一步步迈向重生之路。

这部作品是根据马特·达蒙在读哈佛大学时与朋友开始共同编写的剧本拍成的电影，而达蒙本人则因这部作品在 27 岁时获得了奥斯卡最佳原创剧本奖。 故事的舞台没有设定在达蒙曾经念书的哈佛大学，而设在了麻省理工大学（Massachusetts Institute of Technology，以下简称 MIT），描绘了他从小生长的马塞诸塞州剑桥市的天才们不加粉饰的生活状态。

之所以突然拿出这部电影作为话题，是因为笔者一直认为，在创新经济中，恰恰是剧中威尔·杭汀这样的年轻人会在所有创造知识的第一线成为主角。 而实际上在该电影中，也有一个片段讲述了全美的智囊团和政府机关等发现了威尔的才能，纷纷向他发出就职邀请。

在现实中的日本，数学系毕业的优秀硕士生在金融和服务业就职的比例也在急剧地增加，威尔的人生道路在我们的周围正不断变成现实。

但是，能发掘威尔这样的天才绝非易事。 电影中的威尔实属幸运，在 MIT 当清洁工的他，解答贴在走廊布告栏里的数学难题的一幕恰好被 MIT 的教授撞见，于是他的才能才被发现并被不断挖掘。 然而在现实中，跟他一样有才能的年轻人，特别是在现今日本的社会氛围中很难自己走到外面来。他们所拥有的大部分才华都被他们封闭起来，甚至可以说，他们之中把自己也封闭在茧里的大有人在。

自闭症等行为障碍在发达国家普遍存在，而在日本的案例更为突出。 不只学生存在这样的问题，企业也出现了员工把自己封闭在办公室的现象，而诸如"茧居族"、"有刺族"等反映这种孤立现象的词语频繁出现在媒体上，逐渐成为一种社会现象。 这种状况甚至受到了半岛电视台和 BBC 的关注，并被制成了一个特别节目："孤立人群的国家——日本。"

问题的关键不在于孤立茧居的行为本身，而在于产生这种状况的社会和公司的状态与形式。 这个问题关系着知识工作者的问题。

也就是说，孤立茧居这一行为确实是个问题，但是更应该去思考造成这种孤立状况的社会和公司的存在方式的问题。 我们现在需要各种制度和措施，让那些濒临孤立状态的人群走出孤立，这对于国家、公司和企业都是同样迫切的。

日本的企业需要从根本上进行变革。 从这个意义上讲，如何发掘并发挥知识工作者的才能，是每一个企业都需要解决的课题。

全新的"专家"

如何发挥好个人的才能（talent）在今后变得越来越重要。 最为关键的是新型专家（professional）要在人格上得到全面发展，而不是像以往那样在行业的某个特定领域追求极致（specialist）。 这并不是说全新的专家们都专断独行。 反而，他们注重个人的成长、追求全方位的高品质生活，并喜欢与团队合作。 他们奋发创新之时，正是这种创新对社会带来普遍意义之日。

制作了网上的 3D 虚拟空间《第二人生》（Second Life）的林登实验室（Linden Lab）创设人菲利普·罗斯戴尔（Philip Rosedale）说："我们并不把《第二人生》看作是一个游戏或者玩具，它是用户们进行自由创造的空间。 林登实验室的工作就是为他们提供基础设施和工具。"

至于创造什么、如何创造等问题，开发者并没有为这个虚拟空间设计强制规则，而是在原则上任由用户自行创作、发挥——正是这一点促进了《第二人生》这一虚拟空间的急速发展。 创作者们不受任何人的强制命令，只是因为想在《第二人生》这一无限的空间内把自己的创造力发挥到极致，所以才接连不断地创造出各种各样的点子和物件。《第二人生》通过这种方式从全世界大量吸收各种个体的智慧与知识，逐步发展壮大。 虽然日本媒体对此进行报道时，更偏向于介绍其虚拟空间内的"房地产投资"和"物品（object）"的买卖等有关交易的话题，然而据林登实验室称，有许多身体残疾人士参与到了《第二人生》中，从事工作场所的通用设计工作。 可以说这些例子正好证明了虚拟空间的优势。

如今在虚拟世界里，围绕人类的才能，正发生着颠覆常人想象的事情。 MIT 媒体实验室主任弗兰克·莫斯（Frank Moss）说，"虚拟世界能把理解人类的行为和普适计算的发展结合起来"，并指出"其中一个结果将是给人们的个性和与社会的互动带来变化"。 莫斯在 MIT 举办的一个活动中播放了一段脑瘫痪患者演奏自己作曲的音乐的视频，并意味深长地说，"一个人所拥有的能力和他是否有残疾将越来越没有关系"，同时还说，"自闭症患者可以成为作家，而做过截肢手术的人能当运动员，人们会做出更多非凡超群的事情来"。

作为这一状况的延伸，当我们再看创新经济时代的管理中存在的人才问题，如何发现、发掘、培养并评价一个人的才能，对于企业而言将是越来越困难的课题。

今后管理者们所扮演的角色，将不再拼命向员工灌输职业精神的思想，而要发掘他们的才能，倾听他们质朴的感性之声，这就更像一名教练或代理人，把他们真正的专家级才能不断升华到社会领域中去。

4　真诚带来创新

创新的目的

如果论及对企业和顾客的忠诚度，或许今天的知识工作者比以往的任何一代人都要低，但论及求道探索的精神或审美价值观，则凌驾于以往所有人之上。

人究竟为了什么而工作？ 如今我们必须重新回到出发点，认真面对这个问题。

上级领导无论怎样下达"要创新"的指示，或无论怎样反复强调"职业精神"，创新都不是招手即来的。 如果不理解究竟为了什么而创新，就不可能激发智慧的活力。 一个"善"的创新不只需要公司或个人的理论，还需要一个更大（更高维度）的展望和精神。

据 2006 年的 *Survey of Volunteering in the United States*（《美国志愿者调查》调查报告的统计，全美国有 6120 万人在 2005 年 9 月到 2006 年 9 月的一年内参与过志愿者活动。 而在上一年的参加人数更是超过了 6500 万人，也就是说，全国总人口的近三成对志愿者活动表示出兴趣，加入志愿者组织或通过志愿者组织的活动参与到服务社会中去。 这些参加者中，学历越高的人对志愿者活动越热心积极，从中可以看出知识工作者与社会的关联性。 显而易见地，有才之士们更倾向于在

128

能感受到社会意义的领域，以自己真诚的思想带来创新。

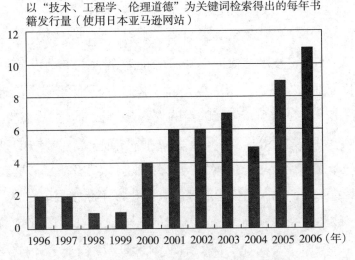

以"技术、工程学、伦理道德"为关键词检索得出的每年书籍发行量（使用日本亚马逊网站）

图 3-2　工程师对伦理道德的关注每年都在提高

2006 年 7 月，比尔·盖茨宣布将在两年后退出微软的管理第一线，专心投入社会慈善活动，这一消息震动了世界。他与妻子梅琳达·盖茨（Melinda Gates）一起设立了"比尔和梅琳达·盖茨基金会"（Bill & Melinda Gates Foundation），称要为健康和教育领域带来创新。该基金会首先在教育领域开展慈善活动，为了美国和加拿大贫困家庭的孩子们能更好地接触到信息与知识，在经费不足的图书馆内安装了计算机和网络系统。在此之后盖茨基金会大幅增加资产，把援助范围扩大到了医疗保健、疟疾研究、开发新药等健康领域。

另一方面，与创新有着紧密关系的工程师们对伦理的认识也在不断提高。 身为社会的一份子，他们自发地探索自己应有的理想姿态。 人们可能以为不管企业提出什么战略，工程师们都会无原则地运用技术予以支持。 但这可不是工程师们的信条，工程师们本来就对伦理观念有着高度的认识。 也正因为如此，技术企业才会转变为伦理企业。 的确，革新是由工程师和知识工作者的创造力引发的，然而他们也从来没有停止过扪心自问，创新的目的究竟是什么。 他们清楚地知道，在利欲熏心的环境下是绝对不可能产生革命性的创新的。 随着创新经济的时代逐年成为现实，随着社会需要越来越多的革新，他们对伦理道德的关注也在不断提高。

被称为经营顾问或战略专家的人们，仿佛手里都拿着一根魔法杖，只要轻轻一挥就给组织带来革新——差不多是时候跟这种幻想诀别了。 创新是从工程师们真诚的精神，或那些深居简出的设计师们努力不懈的活动中产生的。 没有他们对创新的敬意，就不可能产生革新。 正因为如此，企业才必须对前景做出最真诚的展望。

真诚的管理

接下来将为读者介绍 3 家企业的事例，它们在日本实践着真诚的管理，并不断向持续创新和提高业绩发起挑战。

DISCO

创业于 1937 年的工业研磨石生产商 DISCO 通过在公司内设立一套名为"DISCO VALUES"的独特的价值体系和伦理标

准，不仅适应了硅周期（Silicon Cycle， 电子元器件行业的景气每隔 4 年左右时间就会出现一次高潮与低谷间的规律性波动）等严酷的经营环境，还在"切割"、"研磨"、"削断"三个领域持续生产出各种划时代的产品，并不断在行业内提出解决方案。

20 世纪 90 年代，正在该公司持续更新着最高收益纪录的时候，以沟吕木齐社长为首的领导班子向自己提出了这样的问题："最高收益是达到了，但今后应该以什么为目标继续发展企业？ 一味地提高销售额、扩大收益对我们来说是真正的发展吗？"为了挑战这一深远的课题，公司以"企业的存在意义在何方"这一设问作为最根本的出发点，展开了放眼未来的讨论。 经过了两年的思考与研究，公司构筑了一个名为"DISCO VALUES"的价值观体系。

公司让每一个员工都感同身受地领会 "DISCO VALUES"，通过这样的做法，组织的精神渗透到了公司的每个细枝末节。 如此一来，在实践的第一线，每时每刻的判断和细微的行动都激活了整个组织的发动力。

产品的性能等一目了然的要素总有一天有被人追赶上的危险，然而一个拥有优良的企业文化的组织，则汇集了可以自律成长的人们，能够产生出别人轻易追赶不上的差异，这就是企业文化的强大之处。 沟吕木齐社长也说："到现在，谁当社长都无所谓了。"

卫材

卫材制药约 6000 亿日元的销售额中，医疗药品占 94%，并且以生产供医师开具的处方药为主力。据称，所有疾病中仅有5%发现了根治方法，而卫材制药活动的任务，就是向剩下的95%发起挑战，他们以构建无缝的价值链为目标，由此增大患者的价值。该公司从开发到生产、销售，形成了一条龙式的体系。

20世纪90年代以后，辉瑞公司（Pfizer）等世界级的制药企业开始向大规模的企业并购挺进，意图形成以巨额的投资开发新药的商业模式。然而，尽管辉瑞公司频繁地进行并购从而迅速扩大了规模，但没有研发出理想的新药，甚至走到了裁员的地步。在10年时间里，虽然R&D（research and development，研究与开发）投资翻了一番，但是被FDA（Food and Drug Administration，食品和药物管理局）等认可的药品数量却减少了一半——巨额投资研发的模式已不再是唯一的取胜之道。与此同时，卫材在这股大规模公司并购的潮流中一直保持着冷静，社长内藤晴夫表明了不在规模上比拼的意志，而是在特定的领域锁定目标，集中力量研发能够在全球范围销售的药品。于是他们生产出了治疗早老性痴呆症的盐酸多奈哌齐（Aricept）、胃溃疡药雷贝拉唑钠（Pariet）等1000亿日元级的产品。

这一成功的背后，体现了卫材对待顾客（患者）、创新以及为了创新而创造知识的真诚态度。卫材提出"hhc & Compliance"作为公司的理念。"hhc"（Human Health Care，为人类健康保健服务）是内藤在担任社长后，为了"与患者和生活者同喜共忧，以提高患者的利益为首要任务，满足全世界健康保健的多样化需求"而提出的口号。 而在此之前，一提到制药公司的顾客，大多想到的都是开具处方药的医师。 但正如卫材在口号中提到的，他们把患者和其家属看作是真正的顾客和"上帝"，而且在 2005 年，为了贯彻 hhc，卫材把"为人类健康保健服务"规定为公司的宗旨。

卫材在创业时，其企业理念是"好的产品来自好的研究。 对好的产品进行好的宣传，制造好的利润。 好的利润让公司业务得到更好的发展，也能让员工得到更好的薪酬回报"，而现在 hhc 继承了这种创业精神。 这段理念里频繁出现的"好的"一词，意味着 goodness（福祉，好的生活），以亚里士多德为代表的众多哲学家将其看作是人类最高的人生目的。

公司的主打产品、治疗早老性痴呆症的 Aricept 在其开发过程中，还有这样一段故事。 开发人杉本八郎（现京都大学客座教授）的研究动机，正是由于他自己的母亲患有痴呆症。 有一次，他去看望母亲时，他的母亲问道："请问您是哪一位？"当他回答说"我叫八郎"时，他的母亲又说："我的儿子也叫八郎。 请您多多关照他。"正是这段经历，给了杉本八郎奋进研究的巨大动力。

新明和工业

新明和工业（Shinmaywa）股份公司是一个有着优良技术的传统企业，该公司自内而外地散发着真诚的品质。 从新明

133

和工业身上我们可以看到一个企业从"技术企业"到"伦理（道德）企业"、再到"艺术型企业"的进化过程。

该企业的前身川西航空机的创业者川西龙三于大正九年（1920年）继承了父亲创立的川西机械制作所的社长之位。在昭和三年（1928年），他将飞机部门分离出来设立了川西航空机，并就任社长。昭和十九年（1944年），制造完成了最后一批日本海军实际使用的截击战斗机（海军称其为局地战斗机）——传说中的"紫电改"。这款战斗机是紫电的改良型，正式名称为紫电21型。紫电改增强了性能并提高了运转率，自动空战襟翼、层流翼等全新的设计代表了当时最先进的技术。军队认为这款优良的机型能够充分与美国战斗机抗衡，将其选为了重点生产对象。然而仅在制造出约400架时就迎来了二战的结束。川西龙三在战后创立了新明和兴业（现在的新明和工业）。

在此之后的60年，现在的新明和工业为创造更富裕的社会和安全的生活环境做出了贡献，成为了一家生活环境创新企业。该公司以长期锤炼出的飞机开发和制造技术为基础，结合丰富的创新技术，为社会和产业提供了多种解决环境问题的方案和产品。

在"发挥人的感性，通过对人类和社会友好的技术为创造出更加富裕的社会和生活环境做贡献"的企业理念下，该公司在特种车、产业机器、飞机等广泛领域扎实稳定地发展起来。特别是在垃圾循环再利用的中转设施领域，占有全日本 70% 的份额，显示了作为行业内先锋公司的强大。 在提供环保设备和系统的同时，也处理有关垃圾的各种要求与咨询，为顾客提出高效的垃圾处理、回收再利用设备的方案。我们从中可以看到该公司为实现循环型社会，愿意担当重任的积极态度。

新明和工业，以自创业起培养出的制造能力和传统为基础，以为社会而努力的真诚品格不断进行创新。

"自创业以来，新明和工业顺应时代的需求，开发并提供社会不可缺少的产品，不断积累'生产制造'的技术。为了创造更富裕的社会和生活环境，我们将一如既往地发挥创新技术，继续在制造和提供服务上作出努力。"

该公司如此表达自己的理念。 作为一个以技术实力为骄傲的企业，新明和工业不断为社会提供了需要高度信任的产品。 从飞机技术到高覆盖率成膜技术，他们的优势在于设计结合了创新技术，而这种能力把社会和产业的发展所不可缺少的产品一个个变为现实。 磨炼优秀的技术，通过真诚的企业活动实现与社会的和谐发展——正是这种姿态带来了一个又一个创新。

曾经的川西航空机也因生产九七式飞行艇、二式飞行艇等国产大型水上飞机而闻名。 现在新明和工业仍然继续着水上飞机的开发。

新型救生水上飞机 US-2 是现役的 US-1A 的后继机种。

135

US-1A 是一款优秀的水上飞机，但需要在离水时的操纵性、输送患者的条件上得到进一步改善并保持提高海上救险能力。 新明和工业为解决这些课题，开始了 US-1A 的近代化研究，从 1996 年 10 月起以新明和工业为主要签约公司，在川崎重工业、三菱重工业及日本飞行机的合作下，开始研发新型救生水上飞机。

现在该公司集团参与了波音公司的中型客机"787"的开发，负责开发和生产相当于主翼骨架的横梁部分。 这次生产大型飞机的零件对于该公司来说是前所未有的任务，眼下新明和工业调动了集团的全部力量，致力于完成项目，并期待在今后的飞机事业领域获得更广阔的发展。

真诚的艺术型企业应具备的智慧

21 世纪初，企业管理无奈地走进了伦理与创新相互矛盾的死胡同。 而只有那些成功辩证地扬弃了这种状况，并把伦理（道德企业或品质范式）的上层概念、人性（主观、感情等）与社会性置于管理根基的企业，才能够实现创新管理。

从技术企业到道德（伦理）企业，再从道德企业到美的（创新）企业，今后的过程绝不像在嘴上说这么简单。 现在的日本正处在这个过渡期中，要想学习欧美的创新管理的先进事例，并且摆脱奋起直追日本的印度、中国等所代表的新兴经济的威胁（或与他们共同进化），就必须具备不同于以往任何形式的智力与智慧。

在第 4 章中，笔者对实现上述进化的其中一种方法论进行分析考察。 把本章所阐述的真诚品格所蕴含的人类本身具有的创造力解放出来，并把表现出来的各种价值汇总整合，带出成果——实现这一切的新的方法论就是"知识设计"。

第 4 章

知识设计：整合智慧

1 艺术型企业的设计

创新管理的方法论——"设计"

半个世纪以来，我们朝着把信息转换成知识，把知识转换成利润的方向不断前进。 自20世纪60年代以来随着IT的发展，人们逐渐可以大量且迅速地获得各种信息。 如何把获取数据和处理信息应用在管理上，就逐渐决定了企业的命运。

然而在21世纪的今天，知识作为一种最有意义的资源，已经不再是通过IT瞬间席卷全世界的大量信息或现有知识。如我们在前几章所看到的，在创新经济的时代，唯有从个人的主观或感情中涌出的创造力才能产生出价值，它是带来成果的源泉。 如何在管理中发挥创新的作用，在当前甚至是在21世纪的上半叶，已经成为左右企业命运的最关键因素。

140

在创新管理中，科学与艺术两方面的力量同样重要。 这两方面的能力不能分开对待，要通过结合这两种力量综合地创造价值。 当然，这就需要一些新的方法论。 而其中一种新的方法论就是"知识设计"。

知识设计由以下的资质构成。 以下各项分别以设计本身具有的资质（第2章）为依据，并且各项均以知识作为设计的对象。

①*先见力：先人一步的构思力（媒介性质的设计能力）。*

②*革新力：对创新语言（作为示例的模式和语言，经验与内省的综合）灵活发挥（综合的设计能力）。*

③*形成力：在产品中综合各种要素（自由搭配的部件、软件、服务、系统、品牌）（形成的设计能力）。*

在本章中，将对这些知识设计所需要的要素和资质进行分析考察。 笔者将按照实际中知识设计究竟如何运作、知识设计的思路和有效性的顺序进行探讨，而在进入讨论之前，笔者首先需要扩大"设计"这一概念的意义——毕竟在前几章对设计所下的定义过于狭义了。

事实上，设计这个概念很难给出一个定义。 例如，有一个近似的领域叫作"信息设计"（Information Design），这种手法目的在于进行符号的系统化和信息的沟通，包括了意图简单明了地弄清人类与复杂的事物、环境间的关系的平面设计（Graphic Design）等。 相较于信息设计，知识设计是以人造

141

物件为媒介，转换顾客和社会的潜在智慧，并综合不同种类要素的方法，换句话说就是整合（organize）智慧与智力的创新的方法论。 听到"设计"一词，十个人会浮现出十种不同的印象。 因此，要想把"设计"这一概念作为创新管理的方法论提出来，首先就必须从设计的模糊不清的概念中脱离出来，对其进行重新定义。 这也是之所以把不同于以往的物品、新产品的设计特别地称为知识设计的理由。 但笔者要强调的是，这里所谓的设计绝不是指以往的设计。 此外，本书中反复提到的不依靠外观或硬件配置而呈现出的魅力，或者说"体验设计"等产生出的价值（体验价值），对我们来说究竟意味着什么，又应该如何看待与评价？ 接下来请读者们结合实例与笔者一起思考。

日本优良产品设计大奖和无疼痛注射针

由于笔者常年来将设计管理作为知识管理的一环进行研究和介绍，所以有缘担当过几次优良设计大奖的评审委员，有机会结识设计行业的人士，并粗略了解日本设计的现状。我们的思考就从这里出发。

日本设立"优良产品设计大奖"还是 1957 年的事。 该奖项是日本唯一的综合性评估和鼓励设计的机制，挑选出"设计优良的事物"，向普通百姓和产业等发起呼吁，努力将我们所处的社会推向更富裕的方向。 这个奖项的活动已经持续了半个世纪，通过这一活动积累起的"优良设计"也已经超过

了 3 万件。 应征数量逐年增加，从中可以看出人们对设计的
关心不断高涨。

只是，优良设计大奖现在正处于过渡时期。 该奖项的目
的是通过设计提高生活质量，达到产业的高度化，而实现这
些目的所面临的课题和需要优先解决的课题，以及这一奖项
的作用和人们的期待等也随着每个时代的不同特点而发生着
变化。 最初设立该奖项的目的是消除模仿品并提高品质，而
随着日本产品质量的提高，这一奖项的作用也产生了变化。
而且，单纯从硬件的外观等评价设计优劣的时代也已经结
束了。

表 4-1　优良产品设计（GD）大奖（特别奖）2000~2007

年度	对象	获奖企业	获奖概要
2007	"eneloop universe products." 以 eneloop universe 为理念的产品群	三洋电机	可反复使用的"充电电池"，eneloop 系列的新发展。以企业的环保思想为基础，创新的技术能力和实现技术的沟通能力受到高度好评。
2006	轻型电动汽车三菱 i	三菱汽车工业	采用了"后中置布局"的新开发平台和新开发的轻量小型的铝合金发动机，是开拓新时代的革命性轻型汽车。
2005	胰岛素注射器 Nanopass33	泰尔茂	用于治疗糖尿病的胰岛素注射器。世界上最细 33Ga.（0.2mm）。比原来的 31Ga. 细 20%。

年度	对象	获奖企业	获奖概要
2004	儿童电视节目 NHK 教育频道的"哆来咪电视"和"用日语来玩耍吧"	日本放送协会	"哆来咪电视"是面向低年级小学生的音乐教育节目。"用日语来玩耍吧"是面向学龄前儿童及其家长的节目。
2003	普锐斯/ZA-NHW20-AHE-EB，ZA-NHW20-AHEGB	丰田汽车	普锐斯是 1997 年发售的世界上第一款量产的混合动力车。该款新型普锐斯在第一代的基础上焕然一新。
2002	Moere 沼公园。札幌市东区丘珠町 605 番地等	札幌市政府	该公园在札幌东北部建造的札幌市最大的综合性公园（计划面积 188.8 公顷）。公园的总设计方案由雕塑家野口勇规划。
2001	仙台媒体中心。仙台市青叶区春日町 2-1	伊东丰雄建筑设计事务所+仙台市	以新式的媒体环境为轴心，完美融合了美术展览室、仙台市图书馆、影像中心、为视听力障碍人士提供信息等 4 种功能。
2000	设计方法、设计管理：从 A-POC 素材技术出发，提出商品设计的新形式	三宅设计事务所	虽然"一块布"在针织工厂或纺织工厂制成，但在布料中其实已经包含了预先被设计得天衣无缝的产品最终形态。

物品大批量生产的时代结束后转移到了质的时代，而"设计"的作用也慢慢地由添加附加价值转变为创造价值本身，从设计单纯的硬件转变为设计无形物。与此同时，优良设计所关注的焦点也随之变化，该奖项设立了"新领域部门"，对包含创新和环境等在内的更广范围的对象进行评审。

144

此外，将全球化的推广设为目标也是近几年出现的特征。

虽然获奖项目中仍然存在很多"实物"，但看一看那些代表了设计大奖的"面貌"的大奖（特别奖）内容（参见表4-1），就可以看出设计奖所扮演的角色的变迁。 在此顺便一提，对设计进行评估，基本上需要发挥主观性因素，是项艰难的工作。 大奖的评选在最后一天，以对评审委员和嘉宾选出的提名候选进行公开投票的方式进行，所评出的大奖可以看作是社会意识和关注的反映。

2007 年的优良设计大奖颁给了三洋电机的以"eneloop universe"为理念的 eneloop（爱乐普）产品群。 与之竞争大奖的是任天堂（Nintendo）的家用游戏机 Wii。 eneloop 的胜出反映出了社会对环境问题的关心。 实际上 eneloop 本身其实是镍氢充电电池（硬件），但以这个硬件为基础，三洋电机设计出了用太阳能充电的充电器、充电暖手炉、便携式取暖器等产品，这些产品组合在一起就构成了"环保生活"的概念。也就是说（当然 Wii 也是同理），这个奖项的评选不仅局限于对某种单体物件的肯定。

如上所示，设计的作用在逐年变化。 而这一变化的决定性标志是 2005 年的大奖获奖作品——泰尔茂（TERUMO）的胰岛素注射针"Nanopass33"（产品设计部门/医疗器械与设备）。 这是医疗用品首次在优良产品设计大奖上拔得头筹。这种注射器的诞生源自于泰尔茂希望能尽量减少因患糖尿病而不得不自我注射的患者的疼痛。 这种愿望让泰尔茂向开发

145

"世界上最细的针头"发起了挑战，并最终成功实现了产品化。

其实在这一年，苹果的 iPod 也是大奖的候选产品。然而，与人们普遍持有的优良产品设计的印象截然不同的无形"物品"、世界上最细的注射针"Nanopass33"竟然超过了在全世界空前热卖，而且舆论普遍认为最适合获得大奖的 iPod，最终荣获大奖。

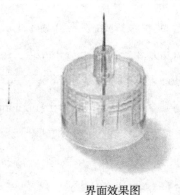

界面效果图

图 4-1 Nanopass33

注：图片提供：日本产业设计振兴会。

"Nanopass33"是治疗糖尿病时使用的注射器，针尖比原来的 31Ga. 更细 20%，达到了 33Ga.（0.2 毫米），是世界上最细的针尖。"Nanopass33"在获得优良产品设计大奖前，由于其卓越的技术，已经获得过各种各样的技术类大奖。然而此次在"设计"这种软价值上得到认可，为日本观念陈旧的制造行业带去了全新的思路。

负责生产"Nanopass33"的是位于日本东向岛的冈野工业（OKANO），是一家以塑性加工技术闻名世界的"乡镇工厂"。这家有 6 万员工的公司，由于其高超的加工技术而闻名世界，甚至连美国国家航空航天局（NASA）等都是其老顾客。该公司的代表人冈野雅行是公司的顶梁柱，其体现出的工匠精神和对技术的彻底追求成功制造了"Nanopass33"，也逐渐为全世界越来越多的人获知。

但是，虽然冈野工业拥有高超的制造技艺，然而正如冈野先生自己所说，他们从没有自发地想过要制造出世界上最细的针头。实际上，生产这种注射器需要极其高超的技术，以该公司当时的实力，也是无法马上攻克的技术难关。"Nanopass33"之所以诞生，来自于冈野和一个给予自己强烈心灵震撼的人物的邂逅，并且也源于冈野自身拥有的"技术"不单纯是对以往技术的应用改善，而是意图不断自我革新，并寻找新方法的"技术+设计"。

"Nanopass33"开发的契机，源自于长期以来销售胰岛素注射器的泰尔茂的 DM 公司开发技术部的大矢内哲也听到孩子们打针时喊疼的叫声。现在，仅在日本国内，就约有 70 万糖尿病患者，为控制血糖值，（病情严重的每天）要自己进行多次胰岛素注射。大人们知道打针肯定就会疼，而且为了治病多少能忍住，但对于孩子们来说每天打好几次针会伴随更大

147

的痛苦。 最近加上生活环境变化的影响，糖尿病的儿童患者也在急剧增加。 多发生于青少年的Ⅰ型糖尿病——即胰岛素依赖型糖尿病的患者，需要一辈子接受注射胰岛素的治疗。据说打针持续一段时期后，孩子稚嫩的小手腕上就没有可以扎针的地方。 对于他们来说天天打针真的是一项遭罪的苦差事。

当大矢内先生得知孩子们承受的痛苦后，称自己过去对针头的认识完全被颠覆了。 孩子们体会到的痛苦绝不是大人们能够想象到的。 一直以来人们认为注射器的针头已经不可能再细，但对于孩子们稚嫩的皮肤来说，这些针头还是太过粗大。 大矢内随后进行了实际调查，结果患者对疼痛的不满随处可见。

"一定要开发出一种比以前的注射器细得多的胰岛素用注射器。"

大矢内先生下定了决心，他把目标定在了我们平常体检时常用的抽血针管（0.8毫米）粗细的四分之一，即比过去的胰岛素注射针约细20%、直径0.2毫米的超级细的水平。 如果针头细到这种程度，就几乎不会感到疼痛。 大矢内在多方探究后，得出了"双锥形结构"的针头最容易做到的结论。

为了把药剂注射到人体内，针管需要具有一定的粗细；但要想减除疼痛，又要求针管非常细，这本是自相矛盾的事。 而"双锥形结构"意味着针尖儿最细，针头渐渐变粗，总体呈锥形。 一直以来，注射器都呈直筒状，由于外径和内径厚度均固定不变，所以针尖越细则注射药液时的抵抗力越大，也越难推注射液。 如果只让针头变细，存在着极限。 而突破了这一界限的，是对流体力学"哈根—泊肃叶定律"（通过把粗细分为两个阶段而达到减小抵抗的效果）的应用。

方法找到后，剩下的问题是在哪里进行开发。 大矢内最终造访的就是冈野工业。 这种新设计也不是冈野工业马上就能实现的。 在找到新的制造方法前，需要花费相应长的时间。 一般的加工方法把做成圆管状的不锈钢继续拉伸，但这种方法形不成两个阶段的粗细。 而且内部的加工也会变粗，导致液体流通不畅，增大了疼痛感。 而另一方面，即使把双锥形结构横切开，也得不出展开图。 不过冈野工业利用了金属可伸缩的特性，开发出了通过滚压与焊接的精密加工逐步形成细微曲面的方法，最终成功实现了量产。

大矢内从孩子们的疼痛声中发现了以前从没注意到的领域，并与冈野合作创造出新的智慧（双锥形结构和其加工方法），这两种效果的乘积效应诞生出了世界上最细的注射器"Nanopass33"。 在产品成功开发后的某电视节目中，孩子们接受注射后笑着说："一点也不疼了！ 谢谢做出这种针的叔叔阿姨们！"

虽然"Nanopass"本身是"物"，然而其价值的根源在于它的"作为"。 说得更清楚些，是它生产并提供给用户的人生和生活状态。 实际上这与 iPod 以及最近成为话题的 iPhone

149

等产品为用户带去的价值具有共通之处，而且也是笔者曾举出的奥迪康的助听器、看步的鞋子或者星巴克的店铺带来的体验等所共通的东西。

或者当我们谈到建筑时，比如一座写字楼，在呈现外表美观的同时，也提供了人们得以开展创新活动的空间。又或者当我们浏览网站时，也能看到某种优秀的资质。我们该如何看待、评价这种丰富多姿的状态或品质？

在创新经济的时代里，上述的价值、魅力及资质需要从设计，即知识设计中寻找。又如脑部科学家茂木健一郎所谓的"Qualia"（高品质的意识体验）概念正受到越来越多人的广泛关注，而这也与上述事项有共通之处。

2 创造"无名特质"

设计的是什么？

究竟什么被设计进了泰尔茂的注射器里？难道是造型帅气的外观吗？

这款注射针的设计特点，说得极端一点，在于"倾尽一切可能让人觉不出这是针"。对于那些认为设计无外乎是让造型更醒目的人来说，这是完全反其道而行之的构想。

设计靠的不是外观或形状。设计是把人造物及与之相关的知识进行综合，解决问题或创造新的（过去没能实现的）价值。

泰尔茂的注射针告诉我们，注射针这种物品通过抹消自身的存在感（变得无穷细），为每天遭受胰岛素注射之苦的幼小的糖尿病患者带来福音。 当然，外形在这里也很重要，设计正是利用了与外形相关的知识才得以完成的，这也是对自然的美的追求。

但是，通过泰尔茂的注射针，患者作为结果享受到的，是超越了物品本身功能的、更加流畅的注射，以及从疼痛的恐怖中解放出来的安稳的日常生活。 也就是说，从结果来看，设计出来的是患者"能够无痛苦地注射针剂"。

"Nanopass33"所追求的、这种很难用语言表达的"中心的质"，被建筑家克里斯托弗·亚历山大（Christopher Alexander）命名为"无名特质（Quality Without A Name，简称QWAN）"（《永恒的建筑之道》）。 面对历史建筑物能给人感动而近代的建筑物或城市却无法给人感动的现象，亚历山大在探索二者之间的差异时，最终认为这种差异来自于某种语言无法表达的感知或体验的"特质"，他把这种无法言表的品质命名为"无名的特质"。

我们通过设计，不是追求让产品醒目，而是实现"无名特质"。 对企业而言这个时代越来越要求真诚的品格，企业的情感以及实现这种情感的新手段的组合成了不可或缺的管理要素。 能够代表创新经济的企业态度，就是将物品作为媒介，以此实现情感的精神。

设计创造出的高品质体验的本质，不在于高性能的物品，也不在于吸引眼球的外观。 对于我们所熟悉的硬件，如果只在这个层次上追求品质的提高，绝不会产生出上述的新时代产品。

"无名特质"的 7 个特性

下面，笔者将依照亚历山大的理论对无名的特质（QWAN）进行解说。

亚历山大在其著作《永恒的建筑之道》中提出，无名的特质具有 7 个特性。 只是，亚历山大也提到，单靠这一个个单词无法充分表达出无名特质的内涵。 要理解这些特性的共通性，才能创造出无名的特质。

① "生气勃勃"（Alive）

无论是有生命的物体还是无机体，是否有生命这个问题都是普遍而且具有本质意义的。 没有生命的物体也可以生机勃勃，比如贝多芬最后的弦乐四重奏，再比如跃动的烛火都是如此——用心燃起的火焰都是有生命的。

② "完整"（Whole）

事物的完整取决于其是否从自己内包的对立中解放出来，这指的是在一个体系内各个要素形成了均衡状态。 比如树枝或草会被风吹弯，然而它们虽然会被吹弯却不会被吹断。 作为一个体系，当不能在内部取得协调均衡时，就会像被雨水侵蚀的溪谷一样不断被破坏。 这里需要注意一点，一个系统的完整不代表这个系统是"封闭的"。

152

③ "舒适"（Comfortable）

亚历山大认为这比人们一般所想的"舒服"要深奥得
多。 真正的休憩来自于内部无任何对立的状态，来自于无任
何妨碍的平静。 自身要想得到真正意义上的舒适心情，就必
须细致并谨慎。

④ "自由"（Free）

无名的特质既绝对无法通过计算得来，也不是完全的。
要想克服封闭性，就必须舍弃意图和固有印象（偏见）。

⑤ "（知识）准确"（Exact）

这个特性是为"舒适"、"自由"的特性作补充的。 无名
特质绝不是一个含糊不清的概念，比如假如想在院子里为小
鸟造一个喂食台，就必须预先正确地理解小鸟的行动规则、
风的动向和周围状况之间的关系。

⑥ "无我"（Egoless）

这个特性要比"（知识）正确"深奥。 当一件事物没有
生机时，可以肯定地说，创造他（它）的人意图过于强烈，导
致事物没有了展现本来特性的余地。

⑦ "永恒"（Eternal）

具备了无名特质的事物和场所存在于永恒的领域里。 这
里亚历山大举出了日本村落的鲤鱼养殖池作为例子。 在鲤鱼
池这个空间里，池子里存在着整个世界，这里有寿命最长达
80 年的锦鲤漫游于池中，也有农夫在池边气定神闲地休憩。
恐怕这就是超越了时间的和谐吧。

153

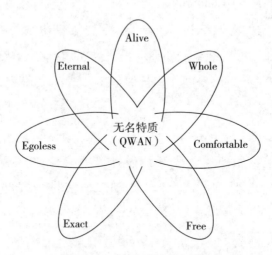

图 4-2　无名特质的 7 个特性

注：笔者根据 C. 亚历山大《永恒的建筑之道》制成。

　　我们的产品、服务或业务，也是一个具有某种含义的"世界"或"场所（空间）"。 这不是纯粹把某个硬件当成物品一样摆在那里，它伴随着对顾客或使用者而言活灵活现的现实或语境，如果忽视了这一点就创造不出价值来。 这里当然存在着我们需要具备的无名特质。 近年来一提到设计，人们往往首先想到追求差异化或感官刺激，然而最重要的是，一个真正的设计，即使外观并不抢眼，其本身也包含了无名的特质。

　　日本设计师的代表人物内田繁批判日本最近的设计一味地追求外观吸引人，变得以自我为中心，并指出导致这种情况产生的一个原因是近代的前卫艺术概念。 他认为在这种概

154

念的影响下，不但设计师们自己以为只有不断制造与众不同
的东西或先锋的东西才能体现价值，而且整个社会也一再向
他们提出这样的要求——这从根本上导致了日本的设计脱离
了正轨。

内田本人也有过把某项设计搞得"过头了"的体会，并
反省如果早一点收手的话设计会完成得更好——只因为一心
想标新立异，结果硬生生地添上了不必要的东西。 内田断言
到，这种方法不能永远继续下去，必须对其加以改变。 他认
为，改变的方向应该是"普通的设计"。 不过，"实际上这才
是最难做到的"。

内田很重视日本文化所特有的"柔韧感"，认为日本文化
的柔韧是一种体系，就像"风吹柳树"一样，在看上去的脆弱
中反而蕴含着"强韧"。 他的观点与亚历山大的主张在根底
上有相通的思想。 日本的设计所应用的"柔弱"也好，亚历
山大所谓的无名特质也好，都是遵循自然秩序的灵活的体
系。 即使它们没有突出强调自己，但使用起来自然而然地就
能上手，在这一方面蕴含了单纯而优质的设计性。 这也是与
传统的日本的物的精神和使用的审美相联系的。

再举另外一个最近的例子来说，以设计无印良品
（MUJI）和 KDDI 的 INFOBAR 手机而闻名的深泽直人，他的
设计就擅于追求上述无名的特质。 深泽把目光集中到我们日
常不注意的行动上，并从中"发现"环境中蕴含的物与人之
间的关系及人的行动模式，进而创造出"可以有却不曾有"

155

的新东西，他的这种设计受到了广泛的好评。 他的设计基本上都是"示能性"（affordance，环境或空间自然地给予人们）的，而同时也在某种意义上与日本的待客之道与礼节有相同之处。 也就是说，不求在环境中标新立异，而是把人类与环境间自然的关系转换为设计，这是与"舒适"和"无我"的特质相通的。

无论是苹果的 iPod 也好，泰尔茂的注射针也好，不都可以看作兼备了"生气勃勃"、"完整"、"舒适"、"自由"、"（知识）准确"、"无我"和"永恒"的要素吗？

实际上，正因为追求这种无名的特质，所以即使在硬件方面规格相同，也可以通过综合硬件、软件和服务，创造出其他对手模仿不了的独特魅力，并在这种意义上实现差异化。

那么，要想创造出无名特质，应该使用什么方法论呢？能使其变为可能的，就是在下文中会讲到的亚历山大的"模式语言"（Pattern Language）的理念。 这种综合的手法以创造无名特质为目标，意识到整体和各个细节之间的相互关联，与此同时通过对话（与用户间的相互作用）不断创造产品、服务和场所（并非硬件或建筑）。 这一概念会在下一章详细介绍。 模式语言的手法不仅在居住环境、学校、工作场所等领域有效，在店铺、家电产品和装潢设计等涉及消费者体验的领域也同样有意义。

模式语言已经应用在了软件开发和网络开发中，并取得了显著的成效。 虽然在以硬件为中心的实体产品的世界里，

156

人们总会不自觉地关注眼睛看得见的外观的组合，但在今后必须把软件、服务、品牌和消费者体验等多元且不同性质的要素综合起来分析。 笔者要在此提前强调，模式语言会派上很大的用场。

从工业设计到知识设计

所谓设计，原本是指将知识，具化为一个形象（模型）来。 而且在设计的过程中我们要动手动脑，即我们亲身参与其中。 从这种意义上说，设计不同于理论分析式的思维方式，它涉及直接的环境，意图将真理实在化，是一种具有实践性的知识方法论。

在 20 世纪大量生产与消费的时代，工程学式的思考方式支配了产业和企业。 与此相对，创新经济下需要我们具备的，是把技术和社会、文化这两方面和谐地融汇在一起的设计智慧。 这样一来我们就可以看出，设计不再是只属于设计师或建筑师的工作了。

但是，我们的思考仍然没能从 20 世纪典型的工业时代（工业社会和经济）对设计的古板观念中脱离出来。 也就是说，一提到设计，我们还是会首先联想到工业设计（industrial design）。 工业设计这个词指发展于工业时代的设计，从字面也可以看出这代表了"工业上的设计"。 与此相对，在"知识时代（知识社会和经济）"下，则需要新型的设计视角，即"知识设计"。

157

所谓知识设计这种知识层面上的方法论，其目的是把产品、服务、业务、项目等作为资产的知识进行综合，并将社会、生活与技术、物品的组合变为可能。 在创新经济的时代下，我们迫切地需要通过这种知识设计（知识的创造）带来创新。

不过，要想做到知识设计，如果像往常那样只沿着一个方向追求纯粹的差异化或高效化是实现不了的。 我们需要首先清楚地认识到，知识设计在方法论上有两条基本的线轴。

著名的认知心理学家、人机交互研究的先驱者唐纳德·A. 诺曼（Donald Arthur Norman）认为，我们（人类）有两种认知的形式，分别为"经验型认知"和"反思型认知"。 并主张创造时两者缺一不可。

无论我们要熟练掌握某项技能，还是学习新事物、从事创造性的工作，在本质上都涉及我们以何种认知方式为基础进行判断和思考。 因此，诺曼虽然清楚认识到把人类的认知方式仅仅分为两类有欠妥当，然而在此前提下，他认为依据"经验型认知"（Experiential Recognition）和"反思型认知"（Reflective Recognition）来理解我们人类的行为是非常重要的。

所谓"经验型认知"，是指通过知觉进行处理。 比如，当我们处在"不需要花费特别的功夫就能有效率地觉察到周围的事物并对此做出反应的状态"时，就说明我们处在事件驱动型的模式、即"经验型模式"中。

158

而另一方面，所谓的"反思型认知"是指，处理概念的认知和以规划为目的的认知。所谓的"反思型模式"就是指"比较对照及思考、确定想法"的模式，诺曼认为，"通过这种模式能够带来新的创意和新的行动"。

而且，"经验型认知"和"反思型认知"对于创新来说缺一不可。

然而，诺曼也指出，现代社会过度偏向于"经验型模式"。比如，"之所以现在的很多机器和使用方法存在问题，是由于把以反思为目的的工具用在了经验型状况上，而把经验工具用在了反思性状况中"，这种混乱造成了问题。

本来，体验型认知需要能够给予丰富的感官刺激的工具，而反思型认知则需要能够促进探求创意的工具。然而，对于一个原本需要进行反复思索的主题，却提供一个无需太多思考的工具——这样的事情在我们身边以各种不同的形态时刻发生。比如，最近流行一股以漫画的形式理解哲学的风潮，这就是一个再好不过的反面例子。

现在的社会之所以出现了这样的倾向，是因为具有条件反射性的经验型思考迅速敏捷，相对于反应迟缓而麻烦的反思型思考而言，容易为更多人所接受。换言之，对于那些单纯的事情，动用体验型认知会更容易理解。

诺曼认为我们的教育体系越来越陷入了经验型模式中，并将其归罪于"被（实践型思考的高效性）洗脑的优秀教师、遍布学生身边并能轻易吸引他们的电影和视频以及设计模式

159

化的教材"。 教育界的变化与社会上喜好把任何事物都数字化的倾向有共同之处。 经验型模式虽然在表面上看来走的是"身体"、"经验"、"快感"等模拟式的路子，而实际上不知什么时候已经被掉包成了非零即一式的思考。 诺曼给我们提出的警告，对于日本看待知识的现状也是颇有参考意义的。

与此同时，庆应大学的榊原英姿教授在其著作《低龄化的日本社会——拜金主义与反知性主义》（东洋经济新报社）中，也提出了与诺曼同样的观点，即：

"最近，对什么事情都要纯粹地分出个是一是零的'一分为二观'愈演愈烈。这直接导致了'只要能赚钱，什么道义都可以不讲'的拜金主义，并降低了日本的文化水平，不断让社会低龄化。"

不过，笔者要再次强调，对于我们的认知、学习和创造，体验型认知和反思性认知二者缺一不可。 放在设计上也是同理，既需要深入一线并迅速地规划出原型的体验型认知，与此同时，反复不断地追求概念上的本质和真正的真诚品格也是极其重要的。 所以取得这两种认知模式间的平衡，或者把这两者进行综合的知识方法论对于创造出新产品是必不可少的。

知识设计的循环

以上述知识设计的观点，重新观察之前所述的泰尔茂

发明的注射针可以发现，以体验型认知为基础的设计和以
反思型认知为基础的设计在产品的背后完美地结合在了
一起。

　　研究开发这一产品，最初是由于泰尔茂的大矢内听到每
天接受胰岛素注射的孩子们的叫疼声，于是开始质疑大家一
直以来认为已经足够细的针尖是否真的细，通过展开调查，
求证每天接受注射的孩子们实际感受如何。 结果经调查得
知，大人们觉得足够细的针头，对于孩子们来说还是很粗，
他们不得不忍受疼痛之苦。 于是设定了制造比以往的针尖细
20%的高目标，在反复的研究后找到了双锥形结构的方法。
随后冈野对生产这种针头的结构发起了挑战。 他们找到了全
新的制造方法，不但成功实现了产品化，并最终达到了量
产。 通过体验型认知找出了使用注射针的患者们所抱怨的问
题，并在反思型认知的奋进过程中颠覆以往常规的制造方
法，创造出了新的知识——这两种认知的乘积效应，以提供给
患者无痛注射的体验的形式开花结果。

　　一件产品理想的形式，即无名的特质（QWAN）就是这样
创造出来的。 在个别具体的场景中，以从中提炼出对人类和
社会有普遍意义的价值为目的，勇于怀疑常理，敢于向一直
不可能的事物发起挑战，决不放弃，反复锤炼——无名的特质
正是在这种经验型认知与反思型认知的循环往复之中被一步
步设计出来的。

　　如今，人们期望企业通过对无名特质的设计，创造出新

的产品概念，并借助该产品把组织与个人的真诚情感表达给世界。 在创新管理中，上述过程的具体实现就是创新，以个人和组织的创新性为基础，必须每一天每一星期不断地发展与进步。 仔细想想，这条路是何其艰难。

过去，创新是 R&D 部门的看家本领。 然而现在，创新有可能发生在组织内的任何角落。 或者应该说，只要没有在任何角落都产生创新的态势，就不可能保证持续的发展。 自内产生的各种点子和面向顾客的解决方案，必须超越一直以来被称作"改善活动"的局部处理，以整个组织为单位实现共享和发展。 而且，通过对组织和顾客、社会所共享的知识进行革新与变革，创造出产品和事业上的新价值——这种"以知识为基础的创新"正是当前的企业必须做到的。

以知识为基础的创新，其基本是存在论和认识论这两个维度中的进化与变革。 也就是说，"什么形式最理想"这一设问、长远构想、意志与愿望等存在论的维度，与创造知识的方法论"即认识论的维度"相辅相成。 在这种关系下，创新性的道路、构建多层次的场所和领导的才能就成了关键。

以知识为基础的创新，其立足点是找出顾客在实际环境中的细微需求、欲望，弄清这些需求与欲望的变迁，并在更宏观的角度下探索整个社会的要求——眼下顾客没有满足的需求有哪些？ 而被遗留或未被发现（left behind）的需求［比如可能隐藏在"长尾"（long tail）中的需求］又是哪些？

162

要想解决好这些提问，关键是要与顾客一起不断发起知识创造的循环。

克莱顿·克里斯滕森（Clayton M. Christensen）在其著作《创新者的窘境》中讲述了一些成功优秀企业走向衰败的案例，指出正是优良的管理导致了这些成功企业的衰败，他的观点给予管理者们巨大的冲击。也就是说，反复磨炼现有的技术或者试图保持企业优势的机制是导致失败的主要原因。该书着重强调了这条导致衰败的规律，而实际上这条规律无非是对广泛为人所知的一条常理，即"过度拘泥于昔日成功"的验证。

倒不如说，问题不在那些失败的企业如何如何，而在于面对来势汹汹的新技术浪潮，那些成功的企业是如何调整自己的。探求其特征可以发现，取得成功的企业们的共同之处是自发地吸收来自外部的变化（破坏性的技术），并找到与之吻合的顾客，在组织内部孕育出新市场的萌芽。

这就告诉我们，当变化来临之际如果没有在组织内部为知识营造好空间，就不会产生全新的创新。如果做不到在组织的任意角落都能产生创意，并以那些创意为出发点开展反思型的认知循环，就无法在巨变下存活下来。现在的企业，迫切地需要站在开放的市场价值的立场上，不仅要重视每一位员工的点子，还要重视把这些点子联系到社会的能力。

3 管理与设计一起走过的轨迹

回顾历史变迁

伴随着创新经济的进展，管理与设计在今后会更加紧密地结合在一起，并最终成为一体。 不过话说回来，众所周知，设计一直以来都以各种不同的形式与管理保持着千丝万缕的联系。 在近一个世纪的时间里，对于企业而言的设计所扮演的角色也随着时代不断变迁。 这也是设计一词难于定义的原因。 而当主张设计的重要性时很难一言半语解释得清楚，也是因为设计的作用一直在变化，从来没有固定过。

在这里，让我们稍微回顾过去，把握一下历史上设计与管理是如何相互关联的。 之所以这么做，因为笔者认为，通过理解二者相互关联的这段背景，可以让读者们更深地体会到，在今后，管理与设计间新的关联绝不是偶然建立的，而是时代所要求的必然结果。

管理与设计的历史渊源（从 19 世纪到面向 21 世纪）

设计在 20 世纪时开始被企业当作竞争的"利器"，在历史的发展过程中慢慢地加深了与管理的关系，一步步地发挥了如下的作用：

①美学设计时期

早期的设计通过对于已经成形的商品的形态赋予别具匠心的美感，增加商品的魅力，唤起消费者的欲望。 在 20 世

20 年代到 30 年代一个经典的事例是 GM（通用汽车公司）设计的汽车。 相对于福特 T 型车单调的款式，GM 通过在颜色和外形上制造差异，成为了行业的领军企业。 虽然在此之前福特靠量产型的 T 型车先行一步占领了市场，但拘泥于向消费者提供整齐划一的产品，对表面的式样和色彩不屑一顾。而另一方面，GM 聘任哈雷·艾尔作为艺术与色彩工作室（造型设计部的前身）的负责人，让他设计出性感的造型。 新的造型一下子抓住了消费者们的心，他们已经厌倦了 T 型车以"又长又宽敞"为口号、故意做成流线型设计的单调风格。在此之后，GM 不但在美国处于领先地位，还引领了全世界汽车行业的潮流。 特别是市场营销与设计的密切联系成为了公司的基础，长期以来为公司的发展做出了贡献。 而同样作为表现企业与生俱来的资质的手法，企业标志（CI, Corporate Identity）也产生于这一潮流。

②为功能设计出实体的时期

到了 20 世纪 80 年代，高科技产品开始进入消费者视线，以鼠标、笔记本电脑和 PDA 等为代表，设计发挥了新的作用，即对一些不曾存在的功能及便利赋以现实的形态。 比如鼠标具有从前未曾有过的功能，它是设计师们对研究 2D 输入的工程师进行观察后，从二者的交流对话中诞生的。 自这一时刻起，相对于上一个时代，通过设计对已经成形的产品进行上妆美化的意义越来越微小。 随后，从生活环境及对社会文化的记忆等日常场景中发现意义，创造出合适形态的"示能性"等概念和方法论登上了舞台。 采用设计手法，并通过运用这些概念和方法论融合多彩的知识，造就了美国的 IDEO 等设计公司的成功。

③设计行为与体验的时期

进入 21 世纪以来，伴随着网络的发展和知识经济的到来，人们越来越多地要求设计发挥出创造行为和体验的作用。 比如设计出如何让用户通过网站畅快地获得正确的知识并完成购买的过程，或在医院如何做到让患者在没有精神压力的情况下接受高质量的治疗等。 虽然平台或媒介需要物品的参与关联，而设计实际生产出的是总体的行为和体验。

甚至不用一一列举电脑或手机的 GUI（Graphical User Interface，图形用户界面）或家用游戏机等例子，我们的思考过程以及感情变动等都成了设计的对象，比如研究我们如何认识信息及图像，而此时我们的思考和五感又做出了怎样的反应等。 对于机械或计算机而言合理的，对于人类而言未必同样合理。 而将这些做得更人性化已成为设计的一项重要作用。

④面向新时代

企业在 20 世纪的发展中经过了上述几个应用设计的阶段，并从 20 世纪 80 年代起开始了设计管理（战略性、创造性地发挥设计资源的作用）的实践应用。 这一倾向提供了设计作为企业和艺术的媒介不断发挥更加积极作用的可能性。 在这一变化中，上述的②和③越来越得到重视。 设计不再是单纯的物件设计，而更倾向于综合信息和知识，从而生产出新的价值或解决问题的方案——设计成为了持续生产价值的过程。 而且这一动向正在不断打破现有的设计公司或设计部门的框架结构。

近年来变得尤为重要的是设计行为与体验。 所谓的"体验设计（Experience Design）"是指，把产品的功能及与之相关的各种服务和知识融合为一体，并作为日常生活的"体验"，有效率且井然有序地提供给顾客和用户，以及为了实现这个目的把设计用做方法论。 体验设计同样也指以广泛的学科（设计、工程学、建筑、社会学、文化人类学、心理学、管理、市场营销等）为基础，在比物件更高的层次看待对象，并向顾客提供体验。 体验的设计也与品牌战略有着深刻的联系。 这一行为的延伸还包括了以创新为目的的调研和对环境问题等的解决——设计对整个企业而言不断成为不可缺少的智慧。

创新就是"普及新的智慧与知识"

特别是在欧洲，很多企业试图通过以知识为基础的创新提高竞争力，这些行为取得了很大的进步。 正是出于在研究开发投资等方面大大落后于美国的危机感，欧洲的企业才想通过创造知识提高国际竞争力。

英国 BBC 通过在"Innovation Labs"（http://open.bbc.co.uk/labs/）上征集观众的创意后打造了一档节目。 创意被

采用的观众将和 BBC 一起分享利益。 BBC 之所以开始这种开放式（用户）创新，其原因之一在于，不但公司自己制作的成本在逐渐增高，并且公司内部越来越难产生出有新意的节目企划。

越来越多的人指出，限定在科技领域的创新总会有走到头的一天。 而通过对社会的洞察、对知识和技术进行组合，才能产生出新的价值（便利和充实）。 为了产生更多可以改变社会的创新，需要把对未来的展望、作为方法论的知识、生活的智慧以及思想、哲学、艺术等社会科学方面的知识等多种多样的智慧融汇起来。

换个角度来看，创新的源泉在于顾客，创新的周期循环在组织中进行，而创新的普及则发生在市场当中。 也就是说，知识涉及了组织与事业方面的知识、顾客的知识、市场的知识等方方面面，而随着这些新的知识在人们之间不断传播与推广，产品和技术就变成了创新。

关于创新的理论，是熊彼特（Joseph Alois Schumpeter）于1931 年在其著作《经济发展理论》中首先提出的。 熊彼特所提出的"新组合"、"创造性的破坏"、"企业家"等概念，其内容都是关于组织智慧的。 除此以外，20 世纪 90 年代以后提出的诸如知识创造过程（野中）、指出了创新中的鸿沟（Chasm）的生命周期创新［杰弗里·摩尔（Geoffrey Moore）］、破坏性的创新（克里斯滕森）、开放式创新［切萨布鲁夫（Chesbrough）］等概念，也把重点放在了组织智慧和顾客智慧的角度。 这说明，创新本来就不是只谈论产品知识或技术智慧就能解决的问题。

熊彼特认为，健全的经济绝不会处于静止均衡的状态，而是通过创新及变化不断地破坏循环的供需平衡，由此不断发展。 并且他认为，企业家把实现新组合看作自己的功能，是经济活动中积极的主体，企业家才是让经济发展进化的关键人物。

根据熊彼特的定义，创新是在企业家勇敢地努力抓住了消费者的心，并暂时垄断了市场时才会产生的。 但熊彼特认为，这种成功只是暂时性的，如果不投身于新的竞争，刮起一场"创造性破坏的暴风雨"，经济就不会得到发展。 然而，与他的期待正相反，一旦企业获得成功，变成大企业，就会追求均衡与稳定，逐渐地大规模组织化和官僚化。 据说晚年的熊彼特眼睁睁地看着这种创新的衰败，在失望中离开了人世。 虽然他在 20 世纪初怀抱的创新之梦破灭了，然而在"日常商品化的暴风雨"狂吹猛打的今天，创新的必要性又重新活了过来。 我们现在正处于"新熊彼特"时代，只有那些有不断创新的意识，并始终具有敢于创新、破坏、再创新的姿态的企业才能存活下去。

4　设计是创造价值的全过程

唯有整合多种智慧才能创造价值

下面，让我们把视角转向商业实践的第一线。 对于知识

169

设计，笔者将从其作为整合多种智慧的方法的侧面进行阐述，并对其发挥的具体作用和实践方法进行考察。

让我们先来回顾一下设计与生产间的关系。 在 20 世纪的工厂模型中，搬运进工厂的原材料（成本）成为产品，其输入和输入间的差价成为附加价值（利润），这也被如实地反映在今天的企业的会计体系里。 这种方式产生于把物品看成价值单位的生产体系，在此情况下设计被认为是生产阶段前添加附加价值的输入（设计规格、装饰上的美感）手段。 可以说设计停留在企划商品的阶段，或者说限定在制造工程的范围内。

而与上述相反，正如在本书第 2 章所观察到的，当今作为一件物品的产品从生产前到销售的各个阶段，被施加以各种各样的"设计"。 不论什么行业，提供解决方案和个性化设置都成了提供价值的机制，而且也有越来越多的顾客亲自参与到设计中来，对设计提出具体的要求。

甚至可以从升级产品内含的软件等看出，即使在商品交付到顾客之后，仍存在着各种形式的设计。 产品成为了价值的媒介（或者说是平台），通过设计这一过程，向顾客提供解决问题的方案并创造价值。 也就是说，依照顾客的生活周期创造价值，整个过程都看作是设计的对象。 这也意味着把设计产品与制定战略看成一个连贯一体的设计。

要想做到这些，首先需要对能够持续设计的可能性进行"设计"。 也就是说，不要让设计完结在创造产品形态的阶

170

段，而要把设计当作一个动态的创造价值的过程，使其发挥作用。 而这就是知识设计的作用和意义之一。

上述概念在进入 21 世纪后得到了迅速传播。 福特在 2003 年的汽车展上，为纪念公司成立 100 周年发布了概念车 "MODEL U"。 这款 21 世纪的产品也是为了纪念一个世纪前的 "MODEL T"。 这款车在内饰和外型上装有可以自由组合物理和电子配件的狭槽，用户能够在使用过程中根据自己的需要进行各种不同的个性化处理。 OS 汽车是发起自欧洲的开放零部件式汽车项目，以汽车的电脑化（今后将占到成本的近一半）为背景，形成了与顾客共同构想汽车的环境。

这些例子告诉我们，以产品为媒介，顾客与企业间的联系在产品的提供前、提供过程中与提供后从未间断地持续着。 所以企业必须与顾客保持持续且频繁的接触，根据顾客的要求调整产品，使产品不断进化，使价值不断升高。 而这一过程就成了知识设计在商业第一线的实践。

如上所示，知识设计已成为产业创造价值的方法论，这一事实也绝不仅限于制造行业。 例如在 IT 行业里，提供解决方案的服务不仅包括关于物品的知识，还要对软件、服务、解决问题、构建商业模型等多种知识进行综合。 只单纯地进行软件和硬件的一体化或提供咨询是无法得到客户认同的。顾客所认同的价值，是从以多种不同的知识为基础，被设计成自己（或自己公司）专属规格的或包含了系统进化的硬件、软件与服务的综合体中获得的价值。

171

在此让我们试把手机服务的整体当作一项业务来分析。在此，利润并非产生于手机的硬件，而是因为实现了顾客想要的服务，使顾客感受到了价值，从这一对价中产生了利益。这并不是纯粹只提供服务，服务与软件、硬件甚至是商业模式相结合，形成了和谐的创新式服务。当企业想提供这种新的服务时，硬件在某种意义上就比以往重要得多。无论是服务也好，软件或硬件也好，让顾客感受到价值的同时，也能让各个供应商相应地分配利润——把这种机制融合进设计里正是知识设计的作用。

知识设计就是"联接"。联接指的是什么？又跟以往的生产制造有何不同？关于这点，让我们对比日本一直以来在制造业拿手的"调整理论"来进行思考。

联接与调整不同。在日本讨论生产制造时，如果把生产方针分为在黑箱式的零部件车间的"调整型"和依据设计思想指导的"模块型"，那么日本更擅长前者，而这种观点也逐渐成为了主流。只是，所谓的调整型是偏重于以硬件为中心的思维方式，在这种意义上来讲无论如何也会受到工业时代框架的束缚。比如，如果产品的电子化比率提高，则软件与服务的融合会成为关键，而相对来说只调整硬件就不再有突出的优势。

所谓调整就是把原本无关的东西进行多种多样的组合过程，可以说这种制造方式就是把能够组合的东西在工厂灵巧地组合起来而已。而与调整不同，知识设计不把各种要素看作是互不关联的。 知识设计的方法论沿着概念或审美的形象与目标，在不同领域自由穿梭，融合多种多样的智慧，创造出综合性的价值。 这也可以看作是多层次的一体化（integra-tion），笔者坚信它可以补充并升华调整理论，给日本制造业向创新管理的转换带来新的指导方向。

所谓的联接、联系，不止是用线条联接开发者等主体与主体间的关系，还要通过主体间共享智慧去实现新的创造。现在我们所需要的，不仅是把设计、开发、生产、销售、会计或者说软件、硬件、服务乃至商业模型等所到之处的全部关系单纯地联系起来，同时还是共享主体间的智慧、迈向新的创造的实践性方法论。

突破章鱼罐化的知识设计

大多企业其创新的阻碍来自于组织内部。 创新最大的敌人是组织的同质化。 而同时，创新的源泉在社会中。 知识设计发挥着联系二者的作用。

按说只生产单个产品无法创造价值，所以必须站在顾客和市场的观点上对多个技术和业务进行不断的组合。 然而现状却不是这样：由于业务各不相同，以及每个单位以零部件的单价为基准计算成本，所以看不到组合的优点——这就像是章鱼躲进了捕捉章鱼的罐子里，只能看到罐子口外面的一点点世界。 而这种"章鱼罐化"的现象在现代组织的各个角落若隐若现，阻碍了创新和组织学习。

173

例如，当策划部想对某项新技术进行商品化时，由于该策划部只看到了某个特定的市场和产品，所以一旦这个市场和产品用不上那项技术，新技术就实现不了商品化。 而即使想与其他策划部联手，也可能遭到"为什么我们非要向你们部门提供帮助"的质疑，导致计划停滞不前。 或者就算实现了合作，对方也可能会以"我们参与了，所以这算是我们的东西"的理由巧取豪夺。 实际中这种有反创新的现象在组织内部逐渐习以为常。 进入到这种章鱼罐里的人们，连罐子外面的一小片天空都不愿多看一眼。

不难想象，这种事态大大地阻碍了创新的产生。 一想到今天的大多数创新，都是跨部门的融合性的创新，就知道其危害是相当大的。

就拿一经发售就获得巨大销量的可摄像手机来说，一款机器上包含了手机的进化、相机技术的进化以及输送图像等通信系统的进化，这需要涉及各种层次的复合型创新。 除此以外，例如汽车的 IT 化、信息家电与 IT 的结合、手机与家用电话的结合、通信功能与计算功能的结合、LSI（Large Scale Integration 大规模集成电路）的高度集成化、混合动力发动机等，融合性创新的例子不胜枚举。

在服务业领域也发生着同样类型的创新。 例如，某英国银行开展的结合了储蓄与按揭的服务等就是如此。 这些创新，并不是某一个天才某天突然灵光一现而产生出的突然变异，而是各种不同领域的专家跨越组织的界限联手合作，以协作创新的形式产生的。 无论是家电还是汽车，如今只一味追求单个商品的性能，已经很难再产生价值。 也就是说，通过整个组织的，或与外部的智慧的链接进行创新已成为一项必需的课题。

现在的创新已经从科研机构当中走了出来，对于现代企业而言已经成为日常的课题，需要持续地革新或不断地创造价值。 我们需要设计的力量，打破章鱼罐化的组织，联接多种多样的智慧，创造出综合的价值。

上述的章鱼罐化，是与第3章讨论的茧居现象在本质上相通的问题。 日本的手机没有全球化，其原因正来自于章鱼罐化和茧居现象。 日本手机制造商闭关自守的现象，被旅美的日本商务咨询师称为"乐园锁国"。

而在这一点上，诺基亚发挥并实践全球范围的知识设计能力，就是一个极好的示范。 而与诺基亚相比，摩托罗拉（Motorola）就还没能从品质范式跳出来。 随着全球竞争愈演愈烈，越是市场存在不连续现象的产业，就越需要依靠知识设计的力量来决定业务的成功与否。

找出看不见的、造出不曾有的

设计具有可视化的效用。 因此有人会简单地把设计归结为所谓的丰田式"目视化"。 不过不得不说，这种认识非常片面。 因为只实行"目视化"是产生不出价值来的。

话说回来，丰田的目视化，原本是指对于产品或过程，给予明确的指标和标示，进行评估，从而使原来看不见的现场状况和关系清晰起来（转为外显知识），这是一门管理方面的技术。 在当代的企业中，组织和体系越来越复杂化，很难把握整体的面貌，所以目视化的方法在企业活动中确实做出了很大贡献，受到了广泛的关注。 只是，只要给予了指标和标示，就能从中产生出价值来吗？ 答案是否定的。

笔者在此重申，知识设计的联接作用不只是用线条联接主体与主体间的关系，还意味着通过共享主体间的智慧引发新的创造。 不但要有联系，还要加入创造，只有这样联接才有意义。

目视化的作用在于提高生产性和高效化。 从这个意义上讲，目视化会把品质管理推上极致。 但是，就算把目视化发挥到了极限，原本就不存在的东西终究无法目视出来。 也就是说，目视化不具有"创造看不见的东西的能力"。

知识设计的意义就在于，在对现有的事物实行目视化后，通过对那些还看不到的东西进行新的想象，从而创造出价值来。

当年的索尼，就曾审视全局，在找到"我们应该走的道路只有这一条"的价值后，让整个公司都朝那个终极的方向努力前进。

与其相对比，竞争对手三星之所以拥有压倒性的优势，无非是因为他们的组织现在正好具备着索尼当年曾拥有的功能。 笔者认为，三星明显继承了 20 世纪 80 年代索尼的方法论。 日本企业必须要清楚地了解三星为了什么而使用设计。他们搞设计不是为了制作一个个产品，而是把设计当作为各个策划部门的作品指清明确方向的过滤器、联接工具。 总之，通过在整个企业内共享知识设计的方法论，可以制成各个策划部门间知识的网络体系，并生产出新的融合。 这种设计的力量被三星应用在管理中，而且用得恰到好处。

三星在 1994 年，进行了设计组织的改革，把原来一直分散在各个策划部门的设计部门集中到一个设计中心里，进而，又做出了统合市场营销部门的变革。 到了 2002 年，对设计部门的投资已超过了 1993 年时的 4 倍。 其中的大部分投资在人才上，设计中心的人员在近 3 年时间里增长了一倍。

要迅速提高产品设计能力，不能只增加员工的数量，还要注重人才的培养。 由于韩国国内设计教育和外包的基础不完善，所以三星彻底依靠自己的力量构建起了筹措和教育的机制。 现在，设计管理中心新录用者的 95% 都出自于这个教育体系，由此也可以看出他们一直贯彻的自理主义。

而与此同时，三星获得了美国帕洛阿尔托研究中心（Palo Alto Research Center）的 IDEO 的支援，把设计活动的目标定为拥有全球化的基准。

据称，三星的设计有若干的目标。 其中之一是品牌。 根据 2006 年的 "全球最佳品牌排行"（《商业周刊》及 Interbrand 共同调查），三星为全球第 20 名，获得的评价比索尼（26 名）、松下（77 名）等日本的电器企业都要高。 只

177

是，得到这样的结果并不只是因为其美观的产品设计带来的魅力，更主要的是通过品牌管理以及追求使用性能和进行设计管理实现了成功。

过去的品牌管理，多通过以品牌特色为核心要素的交流沟通，诉诸消费者的感官印象。然而正如本书前文所述，最近这种手法逐渐发挥不出百分之百的作用。反而是不断渗透到顾客和消费者的生活环境中的"体验设计"的手法，在品牌管理中占据越来越重要的地位。

正是为了尽早应对这种变化，三星才开始应用设计的功能，把一直以来独立存在的各种科技融合进一贯的"体验之中"。具体来说就是，当各个部门提出技术或产品方案时，让设计先行，按照不同的市场阶层把概念视觉化，然后据此对一贯性做出评估，其后由技术部门一步步做出现实的产品。

如上把设计灵活应用在单纯制造物品之外，首先有利于整个企业形成品牌。因为使用这种方法论，只要不能满足最初的设计，就不允许产品化。第二，设计当然是面向未来的，在预测市场的未来走向后能够敏捷地投入产品。拿手机作例子，三星所采取的方法是投入300多种款型，看到哪个销量好就对其一次性集中生产。在这里设计结合了从市场营销到生产工序的过程，作用重大。这样的手法可以称之为"知识设计"。

现在全世界的手机市场竞争得如火如荼。三星电子的市场占有率次于诺基亚和摩托罗拉，为13%，比最好时要低。

178

但笔者认为这种手法本身是具有可持续性的。 之所以这样说，是因为由设计主导产品（技术）、市场营销和品牌的三位一体模式，正是 20 世纪 80 年代索尼所采用［克里斯托弗·洛伦兹（Christopher Lorenz）：《设计思想企业》］，而在以服务化为目标的 90 年代又"忘掉"的方法。 但是，最近处于恢复状态的索尼似乎要重新把产品（技术）、市场营销和品牌联接在一起。

化无为有的力量从何而来

据推测，三星的很多东西是从当年索尼的设计中枢、推销规划战略总部学来的。 而今天，这个部门早已不在。 推销规划战略总部究竟是个怎样的组织？ 笔者曾有幸与索尼鼎盛期的推销规划战略总部部长渡边英夫交流，以下将为读者介绍其部分见解。

虽然渡边现在经营着自己的公司，但他也曾是索尼的一员大将，在 1972 年到 1990 年的 18 年时间里，作为其中一员，运用设计的方法论率领当时活力四射的索尼前进。 他的经历简直就像本书所阐述的一样，在索尼这样一个组织中用半生的时间亲身实践了知识设计。 在担任过商品总部设计中心主任后，他开始着手建立一个把设计放在中心的新型组织。 他的构想以"PP 中心"的形式得以实现。 该组织通过设计能力促进技术开发，以创造新的价值为目标。 PP 中心的功能把随身听（Walkman）等多个热销产品推向了市场。

179

以这种经历为基础，他提出了新的设计价值创造论"Function follows fiction"。 他强调了"假设创造"的重要性，说"'Form follows function'（形态追随功能）的时代已经结束了。 现在是'Function follows fiction'（功能追随想象、假设）的时代"。

并且自 1990 年起，作为新的知识设计的组织，创设了"规划推销战略总部"。 渡边担任领导，从商品企划到设计、制造、销售、宣传、文档设计等，整个索尼的产品设计均由他来指挥。

为什么当年的索尼做到了这些？

"要是能有这种东西，人们该有多么高兴——设计的工作就是去创造这样的东西。我说的设计是超越了颜色和外形的，必须去把多种多样完全不同的东西联系起来。不同功能的结合、组织的合作、不同公司的联手……这样的联系正逐渐成为创造新价值的根源，这样的时代已经到来了。

当索尼还是一家小公司时，盛田、井深等人能够看穿公司发生的所有事情，他们能抓住工程师的想法、设计师的愿望以及消费者的反应，并在此基础上考虑前进的方向。但是，随着公司的逐渐扩大，越来越难看清整体并指挥全体，而能够做到这些的人和机制也逐渐从公司消失了，对索尼这样的公司来说是一个巨大的危机。所以，我们才设立了推销规划战略总部，从整体上进行指挥。

这个组织的成员包括了设计师和从公司选拔出的、对时

代有强烈敏感度的人才，我把他们派遣到各个企划部，让他
们作为企划部的一员工作。然后通过在第一线的实际体验，
掌握各个企划部现在想搞些什么，以及什么是主要问题。成
员们每个月一次进行集中讨论，我把他们汇报的所有信息进
行组合，应该合作的项目就让他们马上合作，在避免重复投
资的同时，通过不同部门间的合作推动创新研发。所谓的设
计指的正是这样的工作。通过这样的设计，能够把分隔开、
分权化的知识集结到一起。"

渡边如是说。

由假设创造出来的智慧，或者"假说推理的智慧（溯因
逻辑）"一词，既是渡边一直以来非常重视的一个概念，也是
笔者本人关于设计的智慧中最为重要的精华。 这种方法与先
进行彻底的分析，并在此基础上有逻辑地去解决问题的手法
完全对立。 也就是说这种思考方式既不同于演绎，也不同于
归纳。

一句话，设计师就是要把这一切综合在一起处理。 从渡
边身上所看到的设计领导能力（design leadership）的作用，就
是把上述的思考过程渗透进整个组织并综合地创造出价值。

根据设计方法论的研究者彼得·罗（Peter Rowe）的主
张，设计师的思考过程，就是沿着审美、传统、文化和社会的
体系，以内隐的方式组织起各种各样的知识（整合）的行为。
而所表现的知识，或解决问题的暂时形态，就是以形式化的
人工物品的方式出现的设计，并且这一过程将会不断地反复

181

进行。 而所谓的设计领导能力，就要在任何时间、对任何事情发动起这样反复进行的过程。

在创造的过程中，要求多层次且庞大的要素处于统一和谐的状态。 因此，运用逸闻、象征、类推等开展启发式的工作就极为重要。 除了演绎和归纳这两项科学论证的基础外，伴随着"溯因逻辑"这种创造性飞跃的假说推理也非常重要——指出这点的是美国的科学哲学家、符号论和实用主义的鼻祖 C. S. 皮尔士。 皮尔士认为，无论是什么，所有的认知在本质上都是推理。 而皮尔士所说的推理，不单是指意识里抽象的思考，而是指所有的认知活动。

设计领导能力的本质是假设创造，开始于溯因推理，之后制造出模型，并以此为基础持续地添砖加瓦，一步步赋予其意义。 不过在过去，20 世纪型工业设计师的组织并非一直都擅长通过假设创造去综合地生产价值。 但是，如果再不作出改变，就无法在今后的时代应对自如。

设计领导能力的作用

要想有组织地实践知识设计，就一定要有强大的设计领导能力。 其在组织上的作用是协调和整合复杂的问题（coordination & solution）。 这原本是身为公司组织内部的设计师分内的工作，但由于设计部门内的专业分工或因部门不同导致组织不同而逐渐出现了职能的细分，逐渐削弱了其作用。

但是，领导统率的作用是巨大的。 现今的大多数企业都

182

面临着这样的状况:随着环境逐渐复杂而需要不断把工作细分,由此导致无法重新统一,创造新事物的能力急剧下降。设计师体现价值之处在于,即使在各个工作分割开的情况下仍然能够保持俯瞰全局、展望未来的视角。 在展望未来的同时解决复杂的问题,为企业做出贡献,这些就是设计领导能力所发挥的作用。

所谓的设计领导能力,不是指鼓舞或推动员工前进,而是向企业提供设计思考并通过一起思索而产生的创造性的首创精神,具体来说有以下几点:

①从内隐知识产生外显知识的知识创造的方法论。

②主观的手法和整体的(全局的)手法。

③运用图像、形态和模式等视觉语言。

④合作的、跨学科的、多文化的手法。

⑤在创造过程中的评估(称为形成性评估)。

⑥以实用主义为基础的样板和实验。

⑦反复不停,永无终止的对话。

以上记述了设计师们脑中所想和实际的行动。 而设计领导能力的作用就是将以上这些积极地提供给客户和企划部,并与其共享。 在这样的过程中既能看得到未来,也能够统一复杂的问题并逐一攻破。

诺曼举出了两条设计的基础原则,即"提供好的概念模型"和"把东西可视化"。 这指的是创意和知识的视觉化和形态化。 著有寓言小说《一九八四》和《动物庄园》的英国作家乔治·奥威尔（George Orwell）曾指出现代教育偏重用语言的教育，强调"把思考内容化为可视之物"的重要性。

"但凡是会思考的人，无论是谁都会发现，要想描写头脑内部发生的情况，我们的语言在事实上起不到作用。"

奥威尔在其随笔《新词》中如是说。 这段话中暗含了在复杂的环境中创造知识和概念时，设计发挥了极为重要的作用。 描绘出的东西、制造出的东西，即以形态为媒介所体现出的思想与交流为弥补我们语言的缺陷发挥了重要作用。 人在思考的时候，通过画画可以更快地思考或更准确地传达给别人。 然而，这种视觉的、形态的思考方法和表现方法很少在教育中实践。

而另一方面，从设计教育的角度上看来，一直以来有人呼吁其引入经营方面的视角。 例如从 20 世纪 80 年代起开展的设计管理（design management）就是契机之一，而在设计教育机构也加入了越来越多的管理者教育课程。 设计教育与管理相结合的重要性是毋庸置疑的，但至今仍然没有形成一个完整的体系。 一部分原因可能是由于设计这个概念本身就含义广、内容模糊，以及在视觉型教育和工学教育间存在隔阂等。 而设计这种知识从根本上就与分析式的思维方式不同，想对其进行分析式的体系化或结构化，本身就存在着矛盾。

184

5 变化的设计服务

日本制造业所欠缺的

在日本，人们喜欢强调"制造业立国"或"技术立国"。然而，日本制造业的利润率却在近 10 年逐年降低。 与此同时，本书在之前所列举的戴尔和苹果等公司利益却稳升不降。 日本的产业到底欠缺什么？

确实，日本企业在今天仍然在制造业上有很大优势。 然而仅凭制造已经无法生产出有魅力的产品和服务。 所以必须重新认清设计的作用。 比如，那些在日本有实力的零部件产业虽然表面上貌似与设计毫不相干，但实际上他们生产的也并不只是物件。 他们真正的过人之处，是具有生产出融合了知识与硬件的人造物的循环、实现这一循环的组织空间、顺应时代潮流获得的新知识和技巧、独特的人才培养方法等。他们还差在此基础上加入设计的要素。 当然，只要有高层次的设计，自然会产生出高标准零部件的需求。

由于一直以来以制造业为中心，日本企业组织的一个重要特征是"公司内部设计"（in-house design）。 但随着日本国内外的变化，特别是最近十几年出现的经济衰退和随之产生的裁员情况，导致其力量逐渐衰弱下来。 然而事实上，在全球范围内对设计正在逐年看好，并且全新的设计服务等在逐渐兴起，现在日本各个企业的内部设计部门在很大程度上也掌握了企业的前进方向。

185

日本在当年的泡沫经济时期也一时提出过"设计立国"的口号，而且单凭大体印象来说日本确实不乏较强的设计实力。 然而实际上，对各国 2000 年前后平均每 1 万人中设计师所占的数量进行统计，日本约为 14 人，而英国为 24 人、美国为 17 人（经济产业省 2003 年调查）。 在这一差距的背后，虽然也存在日本企业从本质上对制造业的设计价值理解不充分的原因，但这一数据更显示出国家和地区对设计振兴政策的重视不足。 而与日本相比，尤其是英国，自 20 世纪 80 年代以来就把振兴设计管理作为了一项国策。

如果日本一味只保持制造业的发展，那么领先的优势早晚会被中国和印度赶上，最终丧失新意。 事实上，在上海周边，如雨后春笋般地出现了大量的设计公司学校。 据说设计事务所有 5000 所，而设计培训学校也有 500 多个。 在中国盗版软件泛滥，原本需要交付高额版权费的三维计算机辅助设计（CAD：Computer Aided Design）软件也能够轻易获得。 所以这些软件的用户不但多，而且从结果来说在使用熟练度上比日本人有压倒性的优势。 先别管原因如何，总之会用 CAD 软件的设计师很多，所以无法熟练使用 CAD 的日本设计师没比他们水平高多少。

而另一方面，在第 5 章也会提到，以 IDEO 为代表的新型设计服务、创新服务正在崛起。 下面举几个建筑领域的例子。 建筑业也属于传统的制造产业的范畴，同样出现了设计费率低下的问题。 这是因为在向设计服务的转换过程中产生

了新的商业形态。 新的转换并不是单纯从物（设计）到事
（咨询）的转换，而是向设计新的产品 [例如下面的 "工作场
所（workplace）"] 的商业模式的变化。

DEGW

英国的工作场所顾问公司 DEGW，曾经是一家建筑事务
所，后来改变了业务模式，将重点转移到了咨询顾问上。 他
们把知识工作者按照知识工作的要素 [例如表示自主性（即
创新性）高低的 "自律性" 和显示沟通交流多少的 "对话性"
等] 进行分类，并据此开展设计工作环境的业务。 根据他们
的分类，知识工作者的办公环境可以分为 4 种办公风格：①俱
乐部空间（游牧民型工作者）；②据点型（代理人）；③工作
室型（分析师）；④群居空间（类型固定的业务员工）。

DEGW 所提供的设计服务就是把这几种模式进行适当组
合，以此动态地构建出一个工作场所。 原本设计事务所基本
上只通过设计费获得利润，而其收益比率逐渐下降。 这个结
果也是显而易见的，因为单纯的硬件设计的附加价值越来越
少。 所以 DEGW 才转换了提供价值的模型，加入了诸如顾问
咨询、解决问题、提供相关服务等围绕建筑展开的服务。

晋思

1965 年，在旧金山的一角，由阿瑟·亨斯勒（Arthur Gen-
sler）等 3 人开设了晋思建筑咨询公司（Gensler）。 到了 40 多

年后的今天，该公司已成长为一家全球性的综合设计事务所，有 2800 名员工（其中注册建筑师 500 人、其他环境相关专业资格获得者近 600 人），在全世界 33 个城市设有办事处，除设计之外还提供 14 个领域的服务，有多达 3200 家企业的客户。

可以说，晋思是全世界最顶级的建筑规划事务所。 不过，以下列出的几点理由或许可以证明这种说法不那么恰当。 首先，该公司除了进行建筑的设计规划，还接手了众多室内装修设计的项目，所以很多对手企业并不把晋思当作一家纯粹的建筑规划事务所。 而事实上，比起建筑，晋思自身也把设计放在公司业务的中心位置。 他们的信条是"设计的力量"（Power of Design），由体验的设计（Experiential Design）、基于企业伦理道德的工作（Ethical Practice）、卓越的实践能力（Excellent Delivery）、深思熟虑的效果（Thoughtful Impact）构成。

至于晋思不是一个纯粹的建筑规划事务所的另一个理由，笔者通过访问该公司在旧金山的办事处得到了确证，他们的组织形式与典型的建筑规划事务所有巨大的不同。

知识产业的特征有很多，比如①在法律或咨询顾问事务所、金融服务中所看到的，知识和专有技术（know-how）是核心资产；②例如金融服务或消费品的零售业，打造企业或产品、服务的品牌非常重要；③就像大多数利用公务舱的机场贵宾室的旅客一样，知识工作者的比例很大，等等。

晋思的发展战略就是把焦点对准时代向知识社会、知识经济转型的浪尖，以内部装修设计和建筑等作为媒介，帮助客户更好地乘风破浪。

客户企业选择晋思的理由之一，是看好他们打造品牌的能力。 而对于传统的建筑规划事务所而言，不仅要对硬件进行规划设计，还要汲取软件及服务，或社会、文化、经济的要素，打造出办公场所及机场等"场所"的品牌，做到这些恐怕是很困难的。

要想真正打造出一个品牌，不能只靠广告宣传或树立外在形象，而需要通过与用户共享体验，对其提供关于企业和商品的知识，并由此获得用户的信赖。 依照这条原则，"场所"这一概念就成了打造品牌时的一个重要条件。 笔者在访问旧金山办事处时对一点感到非常吃惊，他们竟使用日语的"ba"（抽象的场所或空间的意思）一词相互进行对话！

就像以战略分析为业务的咨询公司把"战略报告"当作商品一样，晋思通过规划办公室和商业空间为顾客做出了贡献。 该公司自创业起，一直在思考什么样的组织形式适合自己，其中一个尤其重要的关键词是，"作为'一个公司'的公司"（"One-Firm" Firm）。 日本的大多数企业都苦于如何在各个策划部门之间搞好协调，与"作为'一个公司'的公司"完全位于两个极端。 晋思作为在迈向国际化的同时不断发展扩大的知识工作者的组织，一直以来都把这一关键词当作最为重要的概念铭记于心。

189

一直以来，晋思的高层管理成员共同拥有一个认识和一种危机感，即"建筑服务已经转换为知识服务"，"传统的建筑规划行业已经无法立足于现代建筑项目的中心"。 正如该公司当年的总经理艾德·弗里德里克斯（Ed Friedrichs）所说过的，现在的建筑是"百分之一百行使影响力的生意"，这意味着"不再需要亲自制造或组建，而成为纯粹的知识服务"。

专栏：向 PSF 学习知识服务组织

创新既不来自于表层的过程，也不产生于所谓的"创新的思维方法"或"设计思考工具"等。实际上，重视知识积累、体系传承与网络的企业氛围和文化具有重大的作用。创新比我们一般所想象的要花更多时间。所以组织的知识、场所和才能的管理是关键。

有一种叫作"PSF（Professional Service Firm——专业服务公司）"的组织模型，它可以作为我们培养各自企业文化的参考。这种模型以咨询事务所和欧美设计事务所中那些管理优秀出色的企业作为具体典范。

所谓 PSF，是指会计师、律师、咨询顾问、建筑师、设计师等专家汇集组成的服务组织。他们在从属于组织的同时，也作为平等的合伙人共有公司。还有很多依照合同工作的情况，可以说作为组织要求每一个人都有极高的自律性。如何有效地结合他们的知识是 PSF 管理的课题。例如跨国的大规模咨询公司，通过整个公司共享成功案例和研究成果，达到加大待客效率、提高服务品质的整体水平和减少成本等目的。

知识工作者拥有知识、智能和创造力等生产手段，是崭新阶层的劳动者。德鲁克认为自主地选择和自律性原则是提高知识工作者生产性的关键。而 PSF 就是根据这一原则形成的组织。

专业一词具有各种不同的含义，除了人们所常说的最传统的"职业精神"外，还包括了程序员和艺术家等创造者，他们的想法和态度都与前者不尽相同。近几年，当谈到专家时，人们对上述的创新型专家的期待反而要高于所谓的"管理专家"。

在 PSF 的模型里，个人在把自己的能力发挥到最大限度的同时，通过共享智慧和知识不断创造出成果。这种模型不只适用于服务业组织，最近在制造业等不同的行业里也出现了向 PSF 学习的动向。比如在日本的零部件产业，类似基恩仕（KEYENCE）或 INCS 等，业务内容转换为"专业服务"，提供所持有的技术和知识的企业不在少数。虽然他们以人造物作为媒介，然而与传统的制造业不同，他们作为大企业的合伙人为其解决高层次的难题。这样的公司把员工们看作知识工作者，在保持高层次的宏观洞察力和水准的同时，努力去构建一个共享并创造知识的组织。

不做设计的设计师

在大多数工程项目里，一般由生产概念的知识制作人决定方针和整体规划，再让设计师协助其完成工作。 又或者，一直以来当人们提到制造行业的设计师，大多指工业设计师，而在今后的知识社会，则需要有符合新时代的"知识设计师"。 设计活动的主体既可以是技术人员、设计工程师，也可以是公司内部的设计师、市场营销策划、外部的创意制作人或者咨询顾问等。

回顾历史可以发现，大多数创业者都具有远见卓识，并饱含热情，是为人真诚的"设计师"。 比如好利获得（Olivetti）的安德里亚诺·奥利维蒂（Adriano Olivetti）、亨利·福特（Henry Ford）、GM 的小阿尔弗雷德·斯隆（Alfred P. Sloan JR.）等，他们面向社会和未来，对公司的事业进行设计。设计是一个创业者（entrepreneur）必须具备的能力。 事实上企业人每天都在与众多设计问题打交道，只是他们没有明确地意识到而已。 人类原本就潜藏着作为设计师的能力，打个

192

比方说，这种能力就是"不做设计的设计师"所具有的能力。

此外，走进实践第一线观察也可以发现，近 20 年来组织的设计能力也产生了巨大的差异。 请看下面的模型案例：

1985 年：XX 公司的设计师部门几乎全部由工业设计师组成。

1995 年：XX 公司的设计师部门，一半是工业设计师，剩下的是 GUI（Graphical User Interface——图形用户界面）设计师、网页设计师。

2005 年：XX 公司的设计师部门有 GUI 设计师、网页设计师、市场营销策划、商务咨询顾问、社会人类学研究者、工业设计师。

比如在 1985 年，设计部门的设计师大多毕业于大学工业设计（Industrial Design，简称 ID）专业。 然而从大约 10 年前起，公司与网络结合越发密切，所以虽然有一半还是 ID，但也不断加入了 GUI（其中还有哲学系毕业的）和网页设计师。而最近混合的程度变得更大，除了 GUI，还有搞通用设计的、负责市场营销策划的以及商务咨询顾问、人类学家，以及工业设计师。 要问这个组织是做什么的，他们除了制造物品外，还生产范围更广的产品。 与律师事务所或咨询公司一样，必须懂得如何提供专业服务和管理服务。

过去在组织里只要有那么一个强劲的设计领头羊就足够了，然而现在的组织是"多才多艺"的，为了更好地提供专业服务，必须学会对有不同能力的人进行合理的组合。

193

从技术企业进化到品质企业是单维的，日本也较容易地实现了这一进化。 而从品质企业进化到艺术型企业，则需要主动探索未知的世界和状况，并具备把各种不同的知识全部收集起来进行综合处理的设计能力。 这不再是一个单维的过程，而是一个多元的世界。 对于那些习惯以严格的经营方式向着品质管理前进的企业来说，突然走进一个多元的世界所要冒的风险实在太大。

既然接受多元的价值观和时间观已成为新时代的前提条件，那么不想在内部制造革命、转型为创新的公司，就很难实现从品质范式向创新范式的过渡。 不过即便公司不在整体上积极主动，21 世纪的创新管理也要求所有的组织成员自觉意识到自己是一名不做设计的设计师。 不断革新一个组织中基础的思考方式和方法论，就是为实现这一过渡而采取的可行的实践步骤。

第 5 章

知识设计的"方法论"

构成知识设计的要素

知识设计是对多种不同层次的要素进行反复综合的方法论。 如我们在上一章所看到的，知识设计既是在部分与整体间往返穿梭的过程中对知识进行综合的整体管理的方法论，同时也是创造新产品的思考与实践，它通过综合经验型认知和反思型认知创造出"无名特质"，以此推动创新管理发展。

在本章，笔者将对知识设计的概要以及亚历山大所提倡的创造"无名特质"的方法——模式语言按照如下顺序进行具体解说。 并且在本章最后添加"补充论述"一节，介绍把知识设计的理念应用在构建概念上的案例。 对方法论不感兴趣的读者大可以跳过此章向下阅读。

①知识设计需要"经验型认知"与"反思型认知"两条主轴。

②以经验型认知为出发点的"经验设计"。

③如何在体验型认知的设计中融入反思型认知。

④知识设计的构图。

⑤在设计中吸收环境与文化要素。

⑥综合的方法:"模式语言"。

⑦知识设计调动人类的全体智慧。

知识设计是通过经验型认知与反思型认知的同时作用创造出普遍价值的方法论,首先让我们从这两条主轴开始解说。

1 知识设计需要"经验型认知"与"反思型认知"两条主轴

知识设计需要如下两条主轴。

第一是以"经验型认知"为主轴的设计方法,需要在明确个别的事项、专心于主题的同时,融入眼前的经验。 要实践这一方法,就需要像文化人类学研究者做的田野调查一样,通过参与到客户中去、与其对话并随时探索新的状况的方式,多视角地捕捉各种现象。 于是在不断积累经验型认知的过程中,就能够产生出新的知识。 打个比方说,这个过程就像是在摸黑走路一样。

最近例如 IDEO 等设计服务所采用的手法,大多以上述的方法论为基础。 不过,这种方法虽然能够确确实实地把知识转化为"有形之物",然而其背后也隐藏着"找不到自己身在何方"（困在实践第一线）的危险性。

所以，就需要在每个关键点上站在高处俯瞰全局，这就是第二条主轴。 这种方法以诺曼提出的"反思型认知"为基础，即让知识从整体上去协调的全局观态度。 这条主轴在对多种知识进行设计的过程中，为我们带来体系和构建的视角，也带来统一性。 虽然一提到统一性，会让人产生固定不变或死板的印象，而"反思型认知"的作用就在于以统一性为目标的同时，实现内部的跃动。

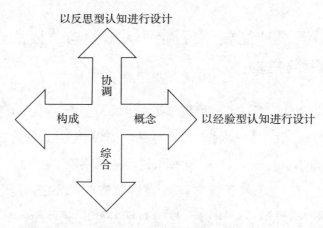

图 5-1　知识设计的两条主轴

如图所示，以"通过体验型认知进行设计"作为横轴，以"通过反思型认知进行设计"作为纵轴，不断协调各个不同部分与整体间的关系并加深对其理解，这就是知识设计的要点。

198

也就是说，知识设计需要在不断的变化中随时对部分与整体进行"协调与综合（Harmonization & Synthesis）"。 而在协调与综合时，"审美性"或"审美判断力"又是一项重要的能力。 打个比方说，这种认知过程在出现了能够促进范式转换的革新性"部分"时，会把这些部分不断吸纳到"整体"中去。

现在，不仅是创新管理（产品开发或业务拓展）的第一线需要上述的知识设计。 日立制作所（HITACHI）的特别研究员、脑科学研究者小泉英明指出，不仅限于研究开发的领域，从整体来说，20世纪是"还原要素"的时代，而21世纪则是"俯瞰统合"的时代。 这里的"俯瞰统合"就是上述的纵轴"协调综合"，放在新产品开发上来说，就是在横轴上进行深入挖掘个别创意的工作之前，先来明确进行这些工作的目的究竟在哪里。 虽然这个道理听上去理所当然，然而事实上两者混淆或者由于没进行综合而导致设计失败的例子不在少数。

这些失败的例子中，其中一个就是当年本田研制的空冷发动机H1300。 乘着轻型汽车N360成功的顺风车，本田于1969年5月发售了高性能私人小汽车H1300。 对空冷式发动抱有很高期待的本田宗一郎亲自上阵指挥，虽然开发出了划时代的发动机，也在技术上受到盛赞，但销售却大大低于了预期。 当时参与开发的本田第3任社长久米是志回顾这段经历，认为在开发现场虽然每天都有新的发现和发明产生，然而就开发整体而言没有分清研究和开发，结果导致了最终惨痛的局面。 这个教训告诉我们绝对不能把"寻宝之旅"（探索主题和技术）和"运宝之旅"（将技术实现为形式）混在一起。 这不仅仅是因为研究与开发在功能上不同，所以应该在分清这两种截然不同的认知手法的前提下对其进行组合。

反思型认知是探索"寻宝"地图的过程。 而另一方面，如果继续援用这个比方，在实践第一线不断去拓展的经验型认知则在"运宝"时至关重要。 但如果只关注"运宝"工作，一味追求效率化，则可能产生陷入日用商品化的死循环里。 以经验型认知为基础的创新活动固然不可或缺，然而更重要的是对其不断进行综合处理的轴线。 可以说在 21 世纪的创新管理中，在"运宝"之前，先探索"寻宝"地图的过程具有极其重要的意义。

总之，在知识设计中，上述两条主轴中就本质而言最重要的是根据反思型认知进行俯瞰统合的能力。 只要各位读者回想一下第 1 章提到的实行创新管理的各位管理者的构思与想法，应该能够马上赞同这一观点。

然而诺曼也指出，实际上在当今这个时代，横轴上通过经验型认知所进行的设计处于优势地位，两条轴线的比重欠缺平衡。 只有让两条轴协调地同步运作，才能让知识设计发挥出最大的功效。

200

2　以经验型认知为出发点的"经验设计"

之前在第 4 章讲到，我们已经进入了"体验设计"的时代。　根据经验型认知进行设计的方法已经在全世界传播开来，其范例就是 IDEO。

IDEO 是美国斯坦福大学的工程学教授大卫·凯利（David Kelly）和来自英国的工业设计师比尔·莫格里奇（Bill Moggridge）等创立的美国最大的设计公司。　现在在美国国内外的经营点共有 500 多名员工。　该公司以设计苹果的第一个鼠标为代表，参与了众多产品的开发与创新。　该公司曾经以广泛的设计活动（甚至牙刷及医疗器械）为世界所知，而近年来逐渐又以创新服务为轴心进行着企业自身的革新。

创新可以刺激并创造出情感与视点，IDEO 就把体验创新的场所作为服务提供给客户企业。　虽然他们的工作属于设计顾问领域，但他们真正出售给顾客的是创新的知识和能力。

IDEO 十分重视设计过程中的理解与观察，他们所进行的流程恰恰就是创造概念的方法。　具体来说包括 5 步：①理解（Understand）；②观察（Observe）；③视觉化（Visualize）；④评估（Evaluate and Refine）；⑤执行（Implement）。

1999 年，美国 ABC 电视台曾播出过一集电视节目"The Deep Dive"（《深潜》），随后被奉为神话。　一直以来，这个案例被全球各大商学院选入 MBA 课程，在此笔者也做个简单的讲解。　这集节目介绍了典型的 IDEO 方式的设计流程。　在

201

节目里，设计师、市场策划人及文化人类学研究者等人作为员工集中在一起，在 4 天时间里重新设计了超市的购物手推车。 他们首先奔赴超市进行反复观察，然后经过头脑风暴，制作产品的样板。 再后来于第 5 天去附近的超市进行测试。这种由小组完成、迅速而且可操作的创造概念的方式在当时引起了无数人的关注。

该公司的总经理汤姆·凯利（Tom Kelly）曾在他的著作《创新的艺术》（*The Art of Innovation*）一书中说到，他们所展开的流程"不是能在商学院的教室里想得出来的，而是一种通过实践性的体验反复尝试并验证出的手法"。 同时，他还对 IDEO 方式的创新手法 "快速制作样板"（Rapid Prototyping）进行了如下说明：

"制作样板是解决问题的方法。而且既是文化也是语言。例如新的产品和服务，或者特别的推销宣传等，几乎可以对所有的事物制作出样板。"

"信手涂鸦、画出图纸、制造模型。总之就是要把点子画成图画，做出东西来。这么做容易产生出偶然的发现。简单一句话，最基本的是会玩并且探索出边界。"

"只要充满热情并全身心投入样板的制作，就能抓住绝好的机会，设想出让顾客产生共鸣的功能或产品。"

汤姆·凯利说，培养独特的理解力和观察力是坚持创新的动力，比如"变成左撇子的人"、"打破常规的人"、"用动词而不用名词思考（比如把视线放在"打手机"的行为上，而不停留在"手机"这种东西上）"、"只吸收一半的创新"等。他认为设计的本质与其说是对外形、颜色或构图等审美的要素下工夫，倒不如说是对于潜藏在日常生活或实际使用场面中、我们平时习以为常的做法，以完全不同的观点加以改变，而与此同时又提出一套可实践并现实的方案。

以上就是以观察为出发点、一步步使形态或概念成形的方法论，毋庸置疑，这是以经验型认知为轴生成概念的手法。 他们所开发的手法的过人之处就在于，超越了抽象的模型或战略，在人的肉体层面上让概念成形。 这种手法在诸如硅谷（这里到处可见把新开发的技术尽早商业化的需求）等环境中具有特别好的效用。

表 5-1 经验型认知与反思型认知：如何融合不同的设计手法

	经验型认知	反思型认知
基本特性	经验流程	反思流程
	理解、编辑	构思、构建
	生产、结合概念	集成体系、进行综合
	聚焦于部分、细节	聚焦于内与外的整体性
表现手法	逸闻、小故事	叙事（recite）
	转喻型（个别的差异）	暗喻型（整体的连贯性）
判断标准	实用性、舒适性、符合逻辑/不靠分析而靠身体感受、与环境相符、示能性	高度的审美判断本质追求、哲学、想象力文化、传统
设计方法论示例	经验设计的流程、快速制作样板	通过模式语言进行设计

事实上这种手法，对于注重实际应用的日本企业来说非

常容易理解。

而与其相对，基于反思型认知的思考则是通过反思和深思熟虑，把整体放在宏观的层面上逐步进行构思和构造的手法，而且还要花费很多时间。 这也是长时间以来被看作是欧美企业的强项、日本的弱项的部分。

如此来看，日本企业如果想把知识设计这种全新的方法论有效地发挥在管理中，就必须在发挥经验型认知的优势的同时，不断加深反思型认知。 可以断言，只要不对这个课题进行挑战并加以克服，日本企业就无法摆脱现在所处的、面对创新畏惧不前的窘境。

3 如何在体验型认知的设计中融入反思型认知

知识设计与设计工程

在以经验型认知为出发点的 IDEO 的手法的基础上，知识设计的方法论（在经验型认知之上）加入了反思型认知，以这两条轴为出发点。

IDEO 的设计思考或设计手法大大地超越了在此之前的设计的功能，是以知识为基础创造概念的方法，在经济向创新经济过渡的阶段他们所掀起的运动功不可没。 只是，作为创新经济下知识设计的模型而言，仅靠 IDEO 式的设计工程手法是不全面的。 这个道理通过分析苹果的乔布斯的发言也可以理解，即诸如 iPod 这样的产品，是通过完全不同于设计工程的手法产生出来的。 简单地说，使用 IDEO 服务的企业、制作人、项目经理也具备这一功能。

IDEO 式的业务流程，是对经验型认知的高度升华，在当代的制造业中是不可或缺的。 然而，如果不在这一流程中融入反思型认知的创新、追求普遍的价值（即真理），早晚其流程本身都会被卷入日常商品化的漩涡中。 这是因为仅凭借观察和经验式理解进行设计工程，是无法产生出兼具魅力的"无名特质"来的。 这原本就是人类所具有的作用，诺曼指出了其重要性：

> 归根结底，我（我们）
> "要创造出什么来（想创造出什么来)?"
> "这种东西从本质上看对人类意味着什么？是好的吗?"
> "这种东西从本质上看在社会里具有什么含义?"

必须把以上的目的与主观判断作为创新行为的基础。 之所以这么说，是因为只有反思型认知才是在综合处理不同性质的知识时的主轴。

例如，在开发计算机的 GUI 时，过去传统的工程师与工业设计师等职业的区别已经逐渐模糊了。 他们都要通过分析人类的思考过程和认知过程，设计出能够让用户在忽略硬件存在的情形下自由操作的界面。 他们需要充分发挥想象力，分析人类如何接触信息、如何进行思考，寻找出相关的知识，以及最本质地，思索人类怎样才能感到舒适与幸福等问题，多角度地观察整体，并首先在大体上形成一个初步的综合的印象。 这一过程需要一种探索普遍法则的审美协调能力。

总之，要想在理解基本理念的同时进行自主的知识设计，就要把对真善美的追求放在最重要的位置。 笔者在这里再次强调，设计就是从现实中发现普遍价值并将其诉诸形式。 设计的理想状态，是对知识进行组织化，使其能够在最小的结构里包含最大的意义。 同时，这也是把丰富多样且意义深远的价值或概念以最为简洁的结构或体系表现出来的能力。

苹果的设计

苹果率先把知识设计作为创新的方法论加以实践，是创新经济的先锋企业（即艺术型企业）的代表之一，也是笔者一直关注的对象。 在这里笔者将通过苹果的做法与经验型认知方法论之间的比较，进一步明确知识设计的过程以及勾勒出能够自如应用知识设计的艺术型企业的轮廓。

苹果与 IDEO 虽然同为硅谷的企业，但它们所采用的设计手法完全不同。 虽然当年 IDEO 的设计师参与了苹果的鼠标设计，但 iPod 的设计与 IDEO 无关。 或者说，如果采用 IDEO 的手法，是不会创造出 iPod 这种产品来的。

IDEO 式的手法，其根本在于通过观察用户及头脑风暴等进行创新的方法论（流程），而更具有意义的是，该公司各具特色的人才把设计这种共通语言作为媒介，将创新当作一个意图性很强的项目来运作——这样的能力值得我们借鉴。 其坚持的原则在于深入用户当中，进行透彻的田野调查。

而另一方面，苹果在史蒂夫·乔布斯回归后，其生产制作的特征转变为对产品的执著追求，以及精心构建出与产品相关的各种服务与业务。 这个过程中，顾客并非是他们的根本出发点。 之所以这么说，是因为他们坚定地认为，向用户询问他们从未体验过的概念是没有意义的，而且也不能指望用户对市场未来走向的反应。

不依靠用户调查的态度也与全盛时期的索尼有共通之处。 索尼既是苹果的零部件供应商，也是合作伙伴，笔者认为实际上乔布斯也从索尼借鉴了不少。 苹果在冷眼旁观索尼由于受到已参与的音乐业务的约束而无法挺进 MP3 音乐服务业务的情况下研发出了 iPod——至少笔者认为，它的诞生与索尼也有间接的关系。

苹果式做法的精髓在于彻底对已有的功能、产品和软件进行创造性的重新定义，并对其进行革新与综合。 与 IDEO 公司各种人才一应俱全一样，苹果也有（或者挖来）各种分别执著于硬件、软件、服务、商业等的人才。 一般企业只擅长其中的某一项，但苹果每一项都是强项。 或许可以说，苹果是一家经过专门化的综合家电生产商。

改善不是苹果经营的基本姿态。 例如 iPhone 就重新诠释了手机这种产品的含义。 每一项功能都是市场上已经出现过的，然而，小按键不好使、功能过于集中难于上手、手机变小

207

后不得不压缩软件的功能、基于文本的用户界面不美观等——以上无论哪一点都是过去手机的缺陷，但用户却从来没有意识到这些问题。 而乔布斯一举命中了这些弱点。

最初乔布斯关注的似乎是平板电脑，他让人彻底地研究了平板电脑的 GUI，于是诞生了能够触摸操作的触摸屏。 这个触摸屏可以自如地改变界面，在打电话时可以变成按键，而在看网络视频时又变成了图像。 这一刻标志着硬件完全转换成了软件。 这项技术被落实到了具体形态上，iPod video 就成了硬件的基础。

而另一方面，在这一过程中，乔布斯也把应该合作的移动通信运营商（AT&T）一步步拉入自己的计划中。 在此之前，移动通信运营商对于手机制造商，要求其产品规格完全统一，可以进行相同的操作。 而手机制造商也习惯了这么做，只在规定的框架下进行改善。 乔布斯认为这样的条件限制了创新的产生，给用户的使用带来了不便。 于是苹果用富有魅力的概念把 AT&A 拉入己方阵营，使其成为了自己的伙伴。

对产品平台的追求体现在了苹果制造产品的各个细节里。 构建出整个体系的是苹果的副总裁兼设计总监乔纳森·艾维（Jonathan Ive），他在 2007 年才刚满 40 岁，是一位来自英国的设计师，负责了 iMac 和 iPod 的制造。

这一点也可以看出苹果与 IDEO 的不同。 IDEO 里分不出谁是首席设计师，因为项目是所有人合作完成的。 但是苹果

208

作为拥有近 2 万员工的组织虽然保持着极为"扁平"的结构关系，但在确定方针、综合统括时，则由乔布斯或艾维等人发挥强大的领导职能。

4　知识设计的构造

知识设计=知识创造×设计

在这里笔者想提出一个"知识创造模型"，以此作为统一"经验型认知"与"反思性认知"的框架。 知识创造一方面是以经验型认知为基础的知识转换的过程，即开始于身体中的内隐知识，然后生产出外显知识，进一步又转化为内隐知识。 知识分为内隐知识和外显知识两种类型。 本书曾介绍过，提出内隐知识的是麦克·波兰尼，他针对传统的以外显知识为中心的知识观，主张了看不到的一面（内隐知识）的重要性。 而知识创造的另一个侧面，就是利用知识分为内隐知识与外显知识的双重性或二元性（注意是 duality，而不是二元论 dualism），去生成更新的知识（内隐知识或外显知识）的辩证的综合过程。 这一辩证法式（对话）的过程就自动包含了反思型认知。

知识创造的过程不是单纯对知识进行变换处理。 内隐知识并不会全部转换为外显知识。 因为内隐知识的特质恰恰就是在本质上无法转变为外显知识。 实际上，与其说是把内隐知识转换成外显知识，倒不如说是以内隐知识为基础，进行

209

反复磨合后产生出新的外显知识更为确切。 另外，知识时刻处于运动的状态，不会轻而易举就被我们"看到"。

　　于是可以把知识设计定位为以上述模型为基础，通过设计的智慧（即以人造物作为对象的媒介（先见）力、结合力、形成力）对业务和产品进行综合处理的方法论。

　　可以认为这是一个开始于实际应用中的假设推论，并获得知识、建立模型、不断推进实践的过程。 图 5-2 中的横向箭头①的实践，是从第一线的实际知识中产生新知识的知识创造方法论（具体的实践事例请参考本章最后的补充论述），而纵向箭头②则是下面将要阐述的发挥模式语言功效来进行综合的轴线。

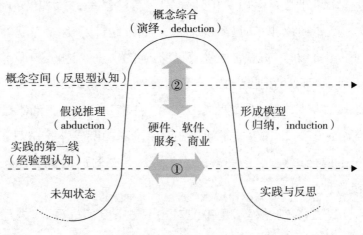

图 5-2　知识设计的构造

　　假说推理——上一级、高层次的理念。 带着面向未来的

210

视点参与到实践第一线中，通过体验找出"假说"（在此需要用到假说推理、溯因逻辑的思考方式，即凭借直觉引导得到暂定的结论）。

概念综合——在理念、构想与"假说"间往返穿梭，综合不同种类不同性质的要素（硬件、软件、服务、商业），把概念形成体系（这里需要用到有体系的思考方式）。

形成模型——根据现场的各种实际关联，具体落实为人造物=模型，通过实践与反思得到反馈（这里需要用到归纳型的实践式思考）。

设计是重要的调研

另一方面，当把设计看作是知识方法论时，可以将其表现为光的"光谱"。就像彩虹从红到紫分为 7 种颜色一样，设计也有各个不同的阶段。

①设计获得社会、市场、顾客的动向和需求的阶段。

②涉及创造新概念的阶段。

③对含有复杂要素的概念进行结合与综合的阶段。

④以产品的形态落实概念，进行视觉和形态表现的阶段。或许这个阶段是现在设计的光谱中被应用得最多的部分。

⑤在经过了对概念实行形态化的过程后，下一个阶段是形态设计给予的审美影响和心理影响的阶段。进而是设计作为库存的阶段。也就是说，设计的具体形态化并不是整个过程的终结。

211

⑥在组织内和顾客市场产生出新的机会，出现酝酿下一次设计的动向。

⑦在知识产权等领域产生出作为企业资产的意义。

如上所示，设计具有相当广泛的光谱，而一直以来企业只运用了其中的一部分颜色。今后最好能够开拓两端，把知识设计作为有效的方法论加以利用。这意味着，当提到知识设计时，特别是在具体形态设计出来之前的"调研"阶段［上述的①～②阶段］中设计的观点会发挥重要的作用。

例如，丹麦的玩具厂商乐高（LEGO）通过以文化人类学的观点对孩子们的游戏方式进行调查研究，重新构建战略，制作产品。直到 2000 年左右，该公司的玩具销售额都低迷不振（过去 10 年间的亏损达到了 15 亿美元）。他们认为，孩子们沉迷于 PS（Play Station，索尼开发的家用游戏机）上的游戏（这正是基于经验型认知的游戏），逐渐失去了往日对传统玩具的兴趣。但是，这与他们委托丹麦的创新调研公司 ReD 研究得出的结论大相径庭。研究指出，并不是孩子们的兴趣变化了，而是孩子们能够玩耍的环境发生了巨大的变化。比如说由于治安恶化等原因，孩子们减少了离开父母自由玩耍的机会。同时从调查的结果中得知，游戏机并不是乐高直接的竞争对手。于是在乐高公司对自己的产品系列的 70% 做出更改后，出现成效，利润回升。

设计的作用，就是在把视线放到开拓新市场的同时，把技术和资源转换为市场和顾客所接受的创新。无论是创新还是设计，在作为"创造性的知识活动"这一点上是相通的。只是，狭义的创新更侧重于技术上的革新，而设计则更着眼于市场和顾客。

创新并不仅限于以革命性的新技术为中心的事物。 对现有技术进行组合或刷新技术也是同样的，后者可以举出如下经典的案例：

表 5-2   创新产品

【原有产品和技术】		【创新产品】
自行车	→	BMX（自行车越野）
磁带录音机	→	随身听（Walkman）
胶卷+塑料镜片	→	一次性照相机
低价手表	→	斯沃琪（Swatch）
（小型硬盘+音乐软件）	→	（iPod+iTunes）

在这些案例中，设计是一项十分重要的创新因素。 设计把技术发展为创新的触媒，对创新管理（市场化前一阶段的过程）与市场营销（市场化后产品的接纳吸收阶段）双方进行作用，并提高利润。 这是因为技术的市场化已成为可能，可以通过设计对消费者们看不见的愿望与要求做出一一对应的回答。

并不是技术生产出了创新，例如在 iPod 和 iPhone 问世时，某日本企业的技术员看到后说，这些产品的技术反而全是些"被人用剩下"（现有）的技术。 然而在 2007 年 11 月 2日发售的美国《时代》杂志则把 iPhone 评选为"年度发明"，

213

虽然 iPhone 有诸如"（反应）太慢"、"机身太大"、"（价格）太高"、"（电话公司）只能选 AT&A"等缺点，但仍以"设计优秀"、"触摸屏手感好"等 5 项优点为理由被评为了优秀的"发明"。

在汽车和家电领域中，也有越来越多的设计通过将设计与现有技术相结合来改善用户的使用环境。例如电动汽车等，不止在技术上革新，还通过增强设计性将消费者对电动汽车的期待转化为形式（这叫作主导设计），并开始步入了市场化的道路。

5 在设计中吸收环境与文化要素

今后，"无名特质"将越来越重要。所以在设计时，必须有能够把环境及社会、文化资质一并组合成产品的方法论作指导。这个问题也就是如何把有意义的知识融入产品这一平台中。

从这种意义上讲，知识设计也可以定义为实现"生态设计"的方法论。所谓生态设计，意味着"在产品的生产、使用、循环再利用、最终处理等所有阶段均注意环保与经济性的设计"。也就是说，这种开发产品的思路在追求经济性的同时，以减少对环境的负担为目标，维持环境的本来面目。为此联合国环境规划署（UNEP）提出了 8 个项目（开发新的产品概念、选择对环境影响较小的原材料、减少原材料的使用、加工制造技术优化、减少运输和包装造成的环境问题、减少试用阶段的环境影响、延长产品的使用寿命、产品报废系统优化）。

生态设计中不能缺少以反思型认知为出发点的过程。 比如在第 3 章介绍的落基山研究所的艾默里·洛文斯就认为，要进行持续的设计，就必须革新方法论。 他们的设计要素，首先开始于整体系统思考（whole-system thinking）。 所谓整体系统思考，就是在整体之下的相互关系中给物品定位，并创造出相互关联来。 然后在整体的指导下进行上游工序的设计、参考终端用户的视点并进行团队合作。 至于环境或生态学、农业的视点从本质上是总括的、全局的。 例如，祖田修（日本当代著名农业哲学家和农业经济学家。——编者注）在《农学原论》中阐述，农学是产业论的同时更是一门哲学学问，是克服并超越了科学二元论的方法论。

当然，文化的积淀和传统也对设计有重大的意义。 灵活运用文化中包含的知识，应该是今后发达国家的各个企业在开发产品和服务时必不可少的。 知识资产可以在解决客户的问题和创造价值上发挥作用，特别是在创造价值时，以文化作为源泉的知识将发挥十分重要的作用。

比如在意大利的设计里会不经意地用到黄金分割，这就是他们自古代起就一代代继承下来的样式和生活环境的标准。 而无论是英国也好，法国也好，其设计的背后都隐含了文化要素从无意识到有意识的作用。

215

总体来看，欧洲制造的高品质产品，大多都蕴含着文化上代代相传的知识。 这也反映在了产品的情感资质上——例如在设计里应用黄金分割。 欧洲车，特别是意大利及法国车，在设计上基本都使用了黄金分割。 黄金分割是以 1：φ（φ 约等于 1.618）表示出的能够让人自然产生美感的比例。应用这一比例，结果上不仅带来视觉上的美感，还能使人产生对街道景观（建筑）的亲和感，或使人的身体比例显得协调。 这是因为从人的身体中也能找到黄金分割。 想必这时很多读者会想起达芬奇绘制的《维特鲁威人》吧。 应用黄金分割的知识是有着古老传承的思维方式，也被应用在了西欧的建筑设计里，而且这也成了隐藏在欧洲汽车背后的一大魅力。

　　那么，日本的设计里是否有这种要素呢？ 日本产的车找不出严密的黄金分割，或者干脆地说，只能含含糊糊地看出个一二，这甚至无法看成是真正的黄金分割。 这意味着，这种设计要么是在重视功能主义的过程中不断发展出来的，要么就是照着欧洲车的模板进行的改造。 在此笔者绝不是有意抬高西欧，毕竟日本的传统设计里也使用了其他的分割比例（比如奈良的法隆寺）。 而且，比如金阁寺或能乐的面具等也都采取了黄金分割，不过一到现代化的产品就不再使用了。

　　欧洲企业开发产品时，虽然市场不大，然而唤起了消费者想把商品与自己的经历相关联的愿望，开发出许多让消费者油然生出爱意的产品，在一定程度上取得了成功。 有的日本企业也非常重视时刻伴随在人身边的空间或音响等的品质差异，提出与其他公司与众不同的方针，这可以看出他们意图重新回归现代主义的起点，再一次认真考虑"产品"本来所应有的方式与作用，舍弃不要的成分，制作出朴素且有魅力的产品。同时，这也是针对以往的日本产品技术至上、塞入过多科技的反命题。

这些企业活动的基础是积累起来的文化和知识，而且是尊重人性的手法。他们重新审视现代社会的生活，尝试创造能够提高"无名特质"的产品。也就是说，意图通过产品提供全新的生活知识。

除了文化要素以外，在进行"无名特质"的设计时还需要同时考虑到社会的整体与部分。要深化概念势必需要花费时间，必须在日常生活中有所准备，时刻孕育新概念的萌芽。所谓无名的特质，是关于实践和体验的、有人情味的、自然且有魅力的品质。虽然这种品质既无法直观看到，而且会以不同的形式出现在我们面前，但基本上都是由共通的要素构成的。

亚历山大认为，通过反复组合承载各个要素的部分（模式），就能创造出与环境相应的品质。在这一过程中，无论是硬件还是软件、服务都没有了界限，逐渐形成一个有机的统一体。在下一节，笔者就将介绍这种"模式语言"的方法论。

217

6 综合的语言：“模式语言”

创造“无名特质”的共通语言

在本节中，笔者将就模式语言进行解说，这是进行知识设计时非常有用的一种共通语言。当然，读亚历山大的著作也可以知道，这个概念有其抽象难懂的一面。模式语言的概念是由建筑家克里斯托弗·亚历山大提出的，他认为使用这种“语言”能够创造出“无名特质”。也可说这是一种工具，使用它可以建立一个整体与部分相互协调的自然的体系。为什么需要这样的语言？这是因为，开发者、设计师和建筑家们必须考虑的要素在数量上出现了飞跃性的增长，导致部分与整体间的关系变得越来越不清晰。

单纯的硬件设计，应用工程设计等知识就可以完成。那么制造硬件、软件、服务、商业模式呈一体化的产品又需要怎样的知识？我们当然可以把诺曼提出的经验型认知作为轴心，通过制作样板等相互作用的手法来生产适合用户的身体或使用感、使用场景的实体模型或简易模型。但是，这样的手法毕竟有它的局限性，没有构成一个统一的整体。所以就需要反思型认知发挥作用。这是一种需要静静地思考，在追问本质含义的过程中想象看不见的整体构造，并一步步构建出来的手法。这通常是担任制作人的人要做的工作，不过如果一个组织规模庞大，则很难用好这种手法。所以，这种情况下“模式语言”就派上了用场，这种设计方法论可以用来构建一个硬件、软件、服务、商业模式等呈一体化的产品，或者用来实现元整合（metaintegration）。

亚历山大提出模式语言的概念，特别是为了针对第二次世界大战后近代建筑出现的"非人性化"的问题。 他批判无机质的都市与建筑，并从自然产生的有生命感的环境中发现了共通的要素——"无名特质"，于是才提出了在设计中创造无名特质的方法论。 需要注意的是，他并非主张回归到过去的样式，他强调的问题是，无论是设计师还是建筑家，如果一味采用逻辑分析式的方法，规划者们就无法从日益复杂化的城市、建筑或产品中创造出原本应有的"无名特质"。

亚历山大强调组织和网络要重视组成要素间的相互依存关系。 也就是说，他认为在维持着人类活动秩序的城市或社会、组织的网络中，蕴含有本质上处于动态（或万花筒镜片式）的自然秩序；而且要站在这个角度尝试找到不同于功能主义的相互关联的方式（即分割开的部分或丢失的部分与整体间的秩序）。 而模式语言正是将上述思想具体化的设计方法。

例如，如果只在工程学的层次上单纯对模块进行组合，则产生不出"无名特质"。 这里涉及不同种类不同层次的要素间复杂的关联。 而通过模式语言，可以把人与人的关系、空间与人类的关系分成各种不同的规模和层次的模式，并对其程序化，然后在此基础上逐步形成一个具有有机含义的空间网络。 可以认为，亚历山大应用数学上的"图形理论"确

219

立了模式语言。

亚历山大为城市和建筑而提出的模式语言，从具体、部分到抽象、整体，分为 3 个层次，分别表示为"都市、景观：1~94"、"建筑物：95~204"、"个别要素：205~253"（序号为亚历山大所编）。 应用模式语言，就是根据这些模式的组合来描述城市或共同体、建筑空间，或对其进行设计与评估。

各个模式分别表现了"无名特质"的某个侧面，并指示出了其背后的课题和解决的方向。

例如，"近宅绿地（60）"这一模式记述了如果绿地不在建筑周围，则发挥不了功效的问题，而"亚文化区边界（13）"、"易识别的邻里（14）"、"工作社区（41）"、"僻静区（59）"等特定的模式共同形成了人们易于聚集的场所的品质。 比如"易识别的邻里"意味着，由于人们需要一个自己应该归属的、易于分辨的空间单位，所以保证一片小规模的可以识别的邻里具有重要的意义——把这些模式组合起来，就形成了"无名特质"。

不必说，创造"无名特质"时不需要物品或技术的语言，而要求使用表示人类体验和自然秩序的语言。 也就是说，比起"物质语言"，基于普通的文化素养（liberal arts）的语言能力才是最重要的。

模式语言使用的模式并不是现成的样板或零件。 它就像真正的语言一样，包含了在构成一个产品的世界观时解决问题的方案，以及进行新构思时所需要的基础性知识和步骤。

220

同时这也仿佛是诗歌语言的蓄积，以此不断构成"自然的"城市或社会、自然环境的秩序。

例如，消费者或顾客的某次体验（比如去外国出差时，下了飞机就开着租来的汽车奔赴会场）就是可以反复使用的模式的多层次组合，比如"机场与停车场之间的快速通路网络"、"向顾客提起注意"、"迎接顾客"、"可以稍作休息的场所"、"减少排队"、"（带到汽车前的）向导"、"只属于自己的空间（驾驶席）"等。 以这些组合为基础，去逐步实现硬件、软件、服务与商业模式的一体化，就是模式语言的手法。

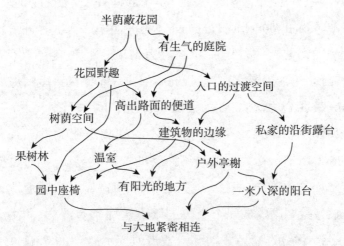

图 5-3 使用模式语言生成空间的意义

注：克里斯托弗·亚历山大：《建筑的永恒之道》。

至于如何运用模式语言，如果是设计师或程序员，在综合处理不同种类的复杂要素（例如用户的行为与软件和机械的关联等）时，就要把整体理解为多个模式的集合，在此基础上同时照顾到个别的要素和整体，去进行架构。

每一个具体的模式都可以看作是在特定条件下反复使用的意义或过程的"模板"。 具体来说，首先要把整体理解为各个模式的联接，在此基础上进一步采取具体实现各个部分的步骤。 模式可以取自解决过去发生的问题的对策或成功事例，当然也可能产生出全新的模式。

模式语言原本是为设计建筑或城市空间而提出，但现在也应用到了其他领域，作为联接与共享技术的媒介发挥着重要的作用。 例如，模式被定位为促进开发时的规则。 在UML（Unified Modeling Language，统一建模语言）等开发软件的手法中，就有"以用户为中心思考"、"提取使用案例"、"测试自动化"等模式。 这些最小单位表示了在开发时应做的行为或表现的功能的形式，即发挥了语言的作用。

我们所需要的，不应该是生产时间固定化的物品，而应该是依着用户和社会的体验不断创造丰富的品质。 通过模式进行相互关联的方法论，对于站在用户的观点上把硬件、软件、服务等要素建成一个有机的网络是非常有效的。 在这一过程中，个别的物品或软件，或者物品、软件的功能与用户的行为，以及包含这一切的服务与商业，在与整体相关联的同时不断得到统一与综合。 而且，不仅限于物品的层次，在人类与人类构成的社会的实践层面和体验的层次下，模式语言促使我们去思考如何把物品与商业、用户联接起来的

222

方法。

模式语言在设计中的实际应用

我们把模式当作"字典"来用，可以一边反复使用模式，一边进行编程或设计。 只是，从本质上来说，使用模式不是为了拼出一张完整的拼图来，而是为了"思考我们应该设计出什么"，这时候利用"模式语言"才是最有效的。

当我们必须考虑一个全新的产品平台，而不是一直以来人们所理解的物品时，模式语言作为一种方法论（语言）也是极其重要的，它可以把我们的思考维度暂时从物品中分离出来，在物品所使用的实际环境和时间中描绘出软件、服务、商业与物品间的相互关联。

具体来说，把整个大局看作是各个模式间的相互联接，在此基础上一步步构成各个部分，进而将其具体化。

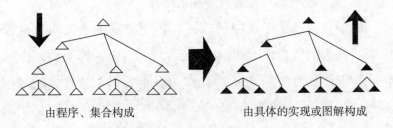

由程序、集合构成　　　　　　由具体的实现或图解构成

图 5-4　提炼与重组模式的矢量关系

注：克里斯托弗·亚历山大：《形式综合论》。

简单地打个比方，可以这样理解：①通过与用户体验、

223

服务和商业、物品的生产相关的时间或过程的要素，理解整个消费者体验的过程（自上而下），在此基础上，②提炼出不同模式，或运用现有的模式进行参与型对话，③通过上述要素（模式）一步步重新组建出理想的形态（自下而上）。（参见图5-4）进行上述操作时要注意仔细观察并深思，联接各个模式的背后的要素是什么，如何找到这些要素间的平衡？ 模式语言的综合过程，就是对上述几个步骤进行相互之间的不断反复。

当然，在物品生产的领域也存在一定的模式语言。 而且也可以应用在软件或业务的流程里。 只是，一直以来这种"语言活动"都是默默并个别进行的，即负责大规模产品开发项目的领头人或生产商品的领导、制作人一直以来默然地应用着上述的模式语言。 比如IDEO或DEGW等设计公司，使用一种特制的图片（method card，创新方法卡片）对概念化进行总结，这种做法也具有同样的效果。

如果我们只是考虑物品的设计，那么不用大费周折地搬出模式语言的概念也能实现设计工作。 可以说物品会还原为架构与模块的组合。 然而，现如今我们必须将硬件、软件和服务放在同一平面上进行处理。 这正如现实中的城市和建筑物必须同时处理场所、人们的生活以及社会与文化的象征的关系一样。 在这种情况下，"模式语言"作为综合（synthesis）多层次多种类要素的方法论，就非常有效了。

图5-5以iPod为例，显示了一件商品的知识设计与硬

件、软件、服务和商业、社会、生活间的关联。 这张图的重点在于"不同性质"的各领域间的组合。 例如，iTunes 是电脑上的软件，通过与电脑的关联，以终端 iPod 作为入口，实现了人们与网络的音乐数据间无障碍的接触。 实际上在 iTunes 和 iPod 问世之前，从来没有过这样的组合，即使今天也基本看不到什么产品使用 MP3 播放器提供如此顺畅的使用体验。

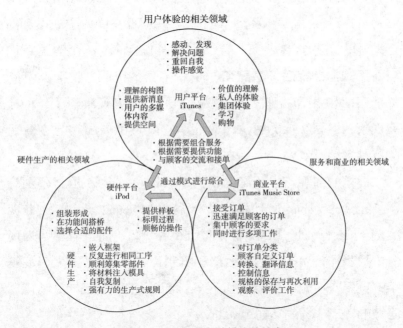

图 5-5　iPod 是各种模式的综合

　　苹果的 iPhone 似乎模仿了 iPod 的运作方式（对模式进行组合）。 虽然 iPhone 被命名为"电话"（phone），不过它最初起源于平板电脑——能够灵活自如地对多媒体内容进行操作正是其精华所在。 笔者感觉操作 iPhone 就像玩一件玩具一样。 当然笔者不是说它看上去低廉幼稚，它反而像是一个新的形态，创造出了适合大人享受的、创新的媒体消费。

背后的要素（直接原因）联接着各个模式

模式不只靠收集经验数据而成，模式具有普遍性。 例如，有一群学者主张一种叫作超验实在论（transcendental realism）的跨社会哲学和经济学的理论。 根据其中一位成员、剑桥大学的经济学家托尼·劳森（Tony Lawson）的观点，我们看得见的社会背后，潜藏着一个看不见的机制，它根据不同的情况把结果显现到表面。 例如，假设反复观察到了某种社会现象，根据劳森的看法，这些事实就是由潜藏在社会背后的机制持续反复生产出来的。

根据他的观点，我们的现实（reality）分为 3 层，分别是 ① "经验的（empirical）"；② "现实的（actual）"；③ "非现实的（non-actual）" 或 "深层的（deep）"。 而且劳森认为现实由隐藏在背后的结构、力量和机制构成。 所以要想理解复杂的世界，不能只依靠表层现象，而要把目光朝向资料背后隐藏的 "不在场的实在（reality）"。

亚历山大也认为，我们生存的空间和环境的模式之所以会反复再现，是由于某些条件作为力量产生作用的缘故。 这种想法与劳森的模型极其接近，即潜藏在背后的机制在某项条件（力量的作用）下生成了模式。 可以说，物体的形态或经验等模式也是从用户的状况、条件或相关性等中反复形成的。 所以我们只要把这些模式当作"辞典"编录出来，并通过理解其应用方法，就能够把物品当作硬件、软件、服务与商业模式的平台来进行设计。

应用模式语言的手法有以下几点好处：

第一，可以对不同种类不同性质的要素进行综合。 例如由于偏重技术和知识，而使同一个企业里不同部门负责多种业务和产品，结果导致"语言不同"的现象产生。 我们经常听到的"分裂导致机会成本的产生"也是同样的道理。 在我们所处的新的商品时代里，只生产单件商品无法产生价值，所以必须通过"智慧"对多种技术和业务进行组合。 然而在实际管理中，企业的各个策划部门只注意某样产品或零件单价几何，所以就看不到组合的优点（只作为可能性而存在，所以看不见）。 而相反，通过运用模式语言的手法，只要弄清楚看不见的知识的价值，就容易实现商业化。

第二，便于在满足个别顾客的需求、向其提供功能与企业或业务的战略及思路之间相互往返，不断进行有实在感的整合行为。 只注重个别或整体都是不行的，需要既看到树木又看到森林。

第三，模式可以根据情况随时产生，同时这些模式也可以反复再利用。 这也是为什么在软件开发中人们极大关注模式语言的原因之一。 特别是从先导的方法及成功事例或者失败事例得出的模式和组合，有助于下一次创新的产生。

227

专栏：语言的本质在于创造

亚历山大的著作中介绍了 253 种都市及建筑空间的模式，但他认为这些模式不是固定的，重点在于自由地发现新的模式。亚历山大既是一名建筑师，还是一个数学家，同时模式语言也吸引了神经科学家的关注。模式群是一个横跨整体与部分的网络，所有 253 种模式汇集在一起，形成了"网眼型语言"。

亚历山大曾批判现代的城市规划者和组织设计者只会依靠（分析式的）树形图设计都市和组织（具有局限性）。于是在这一背景下，他构思出了网络型的设计语言。

话说回来，既然模式语言也是一种"语言"，那么就必须有语言功能和结构。根据语言学家费尔迪南·索绪尔（Ferdinand de saussure）的理论，语言（language）由社会语言体系（langue，言语行为）和个人的话语（parole，言语）构成，是人类普遍的符号化活动。这两者正好相当于字典与口语的关系。也就是说，言语不断对言语行为做出修改，使其不断变化。从这一观点看模式语言，可以认为应用各个模式进行的设计行为就是言语行为。

除了上述理论，在现代的语言学传统中，人们认为语言不单具有传递信息的功能，其本身是具有审美功能的创造过程。这正如符号学家朱莉亚·克里斯蒂瓦（Julia Kristeva）所说的，"所有生产含义的体系，必须通过言语的模型来捕捉"。另一项先驱性的尝试是语言学家小林英夫随索绪尔的学说一起介绍到日本的浮士勒（Karl Vossler）的"语言美学"。浮士勒的语言美学，聚焦于语言的文体，认为文体表现出一个人的个性，拥有审美的效果。

通过语言进行创造，也叫作"文本生产"，这个概念的重点在于"诗歌语言"。文本生产的机制好比是火山活动。首先在我们的内心深处发生岩浆状的创造性活动，之后伴随着发出诗歌语言（言语）而进行知识创造（文本生产）。由此产生的文本不是雕塑一样封闭的个体，这个文本越具有创造性，就越能与同时代或其他时代的作品相连，形成一个无限开放式的事物。此外，符号学研究者翁贝尔托·埃科（Umberto Eco）把詹姆斯·乔伊斯（James Joyce）的前卫文学叫作"开放的文本"，认为其作品要求读者在阅读的过程中积极地进行参与（创造）。

要想创造出新型的"产品"，就不能缺少把不同种类的要素进行整合的"语言能力"，而且还必须具有"审

229

美"和"创新"的特性。可以说，亚历山大的模式语言就是进行上述创造的审美语言。运用模式语言，就是在个别的状况与全局结构之间相互穿梭，由此对其进行综合和创造的过程。

7 知识设计调动人类的全体智慧

可以说，对于艺术型企业而言，知识设计是其认知方法的基本"模板"。

构成知识设计的经验型认知和反思型认知原本是两种相互补充的认知形式。 能将二者运用得炉火纯青的认知与心理能力，可以看作是"Virtuoso"（艺术家、手艺人、行家里手）的技艺，即使是在较初级的阶段，也不能缺少二者的相互作用。 学习理论认为，学习者要想达到熟练水平，必须具有能够发动反思型思考和元认知的环境，而学习本来就不是对知识的抄写，而是对其进行持续不断的反思（review）。

同样，知识创造模型中内隐知识与外显知识间相互作用的过程也不是单纯交换知识和信息的步骤，而与进行实践活动的人类的存在方式有着深切的联系。 这是人类的知识期望不断超越自我的最生动的体现。

所谓超越自我，就是重新审视自己的存在方式，而机器或者被机械处理的"人"是做不到这一点的。 最近大脑科学的发现验证了上述认识，也就是说，大脑的本质是创造（而不是处理）。 人类的大脑是被动地接受来自外界的多重刺激的器官。 然而，仅凭这一点无法对人类的大脑做出合理的解释。 不如说大脑对于各种外来的刺激，主动读取出各种不同的语境，并在大脑里产生感知。 虽然这种方法因人而异，但至少计算机做不到，或者说不可能做到。

我们的内隐知识由心理模型和多种框架以及与其相关的身体感觉资料构成。 同时，还有一种假说认为人类的意象是虚拟的身体运动。 人类在尝试理解某项事物时，会虚拟地运动身体。 所以说人类在进行语言处理时，在心（大脑）里同时做着身体和感觉的运动。

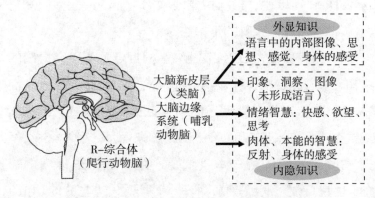

图 5-6 内隐知识和外显知识与大脑结构相互对应

观察大脑的构造也能明显地证明这个观点。 美国的天文学家、作家、科幻小说家、主持拍摄了风靡全球的电视系列节目《宇宙》的卡尔·萨根（Carl Edward Sagan）曾经指出，

231

我们的脑由 3 个部分组成，分别是爬行动物脑、哺乳动物脑和大脑新皮层。（顺便说一句，火星探测器 Mars Pathfinder 的着陆地点被命名为卡尔·萨根纪念基地）

人类大脑的分层结构与内隐知识、外显知识的关系相对应。首先，我们最"深层"的爬行动物脑（R-综合体）掌管原始本能的知识。能够控制爬行动物脑的是位于"上级"的哺乳动物脑（大脑边缘系统）。哺乳动物脑与身体和感情相连，是内隐知识汇集的地方。作为人类脑的大脑新皮层试图通过"知性"及语言（外显知识化的能力）统一爬行动物脑和哺乳动物脑，但并不能完全统一。或许波兰尼是想告诉我们，实践和创造（突现）必须要大脑的原始部分与进化部分相互合作。可以说，相辅相成地调动肉体的经验型认知与反思型认知符合我们大脑的基本构造。

大脑新皮层分为右脑和左脑。根据近几年研究得出的一种结论，一直以来人们认为左右具有"语言脑"的功能，而除此之外，左脑还具有处理不断积累起来的"模式"的功能。而另一方面，右脑的功能是产生新的东西。这种学说正好验证了右脑与左脑的合作本身就是产生并应用语言模式的过程。也就是说，从经验中学习，获得模式（左脑的功能）；在社会性实践里酝酿有用的知识，产生新的创造（右脑的功能）。这也就是经验型认知与反思型认知相互补足的过程。

但是，正如诺曼所指出的，事实与我们大脑的实际运作恰恰相反，现代社会更偏重于经验型认知。这体现在流行单

232

纯直观的思维方式、流行有游戏感的传媒方式或廉价"出售"情感、追求快感、享受优先的价值观等方面。 而把上述这些所欠缺的补充完整正是知识设计的作用。 同时，知识设计也是"场所"的知识，换句话说，它不是某种简单的过程或方法，而是把我们与环境和空间相结合的整合性方法论。

如果要对知识设计的特点做进一步补充，那么可以说，这是一种比我们的想象要快得多的方法论。 我们能够通过艺术或设计在一瞬间直观地靠直觉领会知识。 某些事物，如果要对其一一进行说明，可能要花去大量的时间，而通过艺术和设计则可以迅速地理解——这简直比所谓的"思想的速度"（the speed of thought）还要快。 位于创新管理的领军集团的各个企业看似在一瞬间成长壮大，这让人不由感受到与其远见力的速度有着莫大的关系。

进一步需要补充的是，知识工作者通过网络进行工作。进化心理学的观点认为，灵长类动物（人类及大猩猩）的大脑新皮层大小的相对比例，与其种群的集群大小成正比例（Fioreti 2004）。 或许我们的大脑是为了通过网络进行工作才逐渐发展起来的。 人类形成组织是为了进行知识活动，这与昆虫或企鹅聚成一群如同一个生命整体般地生活有本质的不同。 最近 Web2.0 等群体经常使用的"集体智慧"（Collective Intelligence）就很难区别出上述不同，人类如果只一味地聚集成群，则不免体现出"愚民大众"的特点。

但是，这里所说的是以目的意识为基础的大脑网络。 而

233

所谓的集体智慧，其本质是相对于过去无机质的 IT 网络，加入了极富人情味的要素，但软件和 IT 工具等归根结底不过是工具。不管怎么说，知识工作者是能够最大限度地利用这种网络的群体。

在前文中，笔者把以知识作为基础的企业称为艺术型企业。在最后一章（第 6 章）中，笔者将把焦点放在艺术型企业这种新的企业模型上，在大体勾勒出其轮廓的同时，对支撑着艺术型企业兴起的、变化着的城市与全球市场进行分析研究。

补充论述 知识设计的实践：应用于概念设计

在本章的补充论述中，将就笔者在管理学院的硕士班上讲授的"概念设计的方法论"中如何获得设计能力并加以实践进行介绍。下文的结构，以基于"经验型认知"的概念设计为样本，在此同时引入了"反思型认知"的视角，即作为一个"理论"来对概念进行架构。

前提：磨炼知识的需要

知识工作者不同于工业化社会之前的工人，他们是自己拥有"生产手段"的劳动者。不用说，他们的手段就是他们的头脑和经验，以及合作式的网络环境所支持的创造、应用和综合知识的手法及技能。其中每一个人对"知识的磨炼",才是组织能力（即创造成体系的知识的能力）的唯一基础。 只是，这一特点一直以来被"人的综合素质"一词所掩盖，被看成了人本身所具有的特性。 但是在知识社会中，为了能将其发挥在管理和组织中，就需要在认识论以及社会科学上形成有体系的方法论。 其中一个基础，就是知识创造模型。

知识创造模型是知识方法论的综合

知识创造［SECI——社会化（Socialization）、外在化（Externalization）、组合化（Combination）、内隐化（Internalization）］模型通过对创新的研究，描绘出了内隐知识和外显知识相互转换，创造知识的过程。 对于知识创造这个模型，有人批评其只停留在 folklore knowledge（记述实践第一线）的阶段，但这些批评主要来自于计算机研究者，因为相对于计算机科学而言，知识创造模型"不具有足够的科学性"。

但是，知识创造模型的背后有着明确的生成知识的方法论，是哲学、社会学、系统科学、设计等社会科学领域分别发展起来的创造知识的方式。 知识创造模型将其进行了综合（synthesis）。

所谓方法（methods），比如创意或策划的方法、手段（工具）、技巧等，很多商业类书籍会介绍这样或那样的methods，但很多时候都没有对这些方法为什么妥当作出合乎逻辑的说明。 很多方法都是把创始人或提案人的方法（内隐

235

知识）直接进行知识外显化后得出的。 而且，有效的方法容易风靡一时。 当我们站在"磨炼知识"的观点上时，不能不加批判地随便采用。

采用某种方法时，最重要的是看它的方法论（methodology）。 methodology 就是考察 methods 背后的机制和理论，为获得真理而探求妥当的 methods 的方式的知识领域。 比如说，日本的传统艺术"能乐"所讲到的"修（守）、破、离"就是一种 methodology，用于领会艺术的 methods，并创造出属于自己的"套路"。 而知识创造模型就是站在内隐知识与外显知识相互转化的观点上掌握并领会 methods 的 methodology。

知识创造背后的哲学与科学

具体来说，知识创造过程的 4 个模式（社会化、外在化、组合化、内隐化）就是它们分别对应的哲学与社会科学领域中的知识的 methodology。

①社会化（Socialization）是由内隐知识创造内隐知识。在这一过程中将如实地获得未分化的现象，是一种直接的经验（direct experience），与胡塞尔（Husserl）的现象学哲学中的"悬置"，或同时代的西田几多郎的"纯粹经验"或"绝对矛盾的自己同一"等主观方法论一脉相连。 而且，这也与文化人类学中的田野工作的参与观察的方法论有相通之处。

②外在化（externalization）是由内隐知识创造外显知识。在这一过程中从现象或实践第一线的"资料"提炼出特定的

236

"变量"和"概念（concept）"；可以从社会学里找出多种类似的手法。 以韦伯（Weber）的理想形式（Idealtyp，ideal type）为代表术语，外在化的本质在于追求超越了现象的真理或理念。 Idea 就是柏拉图所说的"Idea"（理念），与设计的方法有相通之处。 同时，在这一过程中，社会性的相互作用（对话），特别是运用把内隐的形象结合到概念上的隐喻（metaphor）进行讨论非常重要。 这一过程也是赋予知识以形式的阶段，形成设计中的结构或原型。

③组合化（Combination）是由外显知识创造外显知识。在这一过程中，对外显知识进行编辑和体系化处理（systematization），必须以笛卡尔式的明证的"分析"和"综合"作为根本方式。 在此要明确地表示出变量间的因果关系。 同时，组合化是严密的体系化，放到设计上来讲就是以结构为基础形成模块的阶段。

④内隐化（Internalization）是由外显知识创造内隐知识。在这一过程中，根据现实的要求为知识添加血肉。 这个过程里让知识"派上用场"最为重要，根据具体环境和状况随机应变的实验主义精神是这一过程的前提。 也就是说，经过皮尔士、詹姆斯及杜威（Dewey）等人发扬形成的 pragmatism（也被翻译为"实用主义"）是贯穿于内隐化始终的哲学。这不是指没原则的重视实践一线，而要采取诸如反思实践（Schön 1983）等 learning by doing（从做中学）的方式。 可以说，学习型组织（learning organization）及实践社区（communities of practices）等概念就强调了这一过程。

　　在知识创造里，以上 4 个模式并非各自独立存在，它们在相互关联的过程中对知识不断进行综合，其根底蕴含着辩证的（dialectic）动力。 也就是说，各个模式下创造出的知识与实际存在的知识相互交涉，从而推导出所谓的"对立统一"或"正、反、合"的运动。

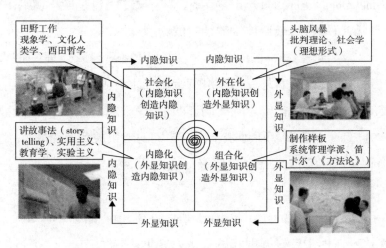

图 5-7　知识创造过程中多种手法的定位

面向"概念设计"开展知识方法论

　　根据以上思路，笔者在 MBA 的硕士班里，开设了教授知识创造的方法论的科目，目的在于让学生了解到"知识的磨炼"在补充完整"知识管理"的企业理论上具有极高的重要性，同时为自己的实践奠定基础。

　　一般来说，MBA 不属于研究型的硕士课程，大多侧重于向学生传授演绎性的知识，缺少研究（知识创造）的功能和机会。 为了弥补这一缺陷，就非常需要扎根于第一线的实习与对话，所以笔者在原有课程的基础上再进半步，加入了一些涉及知识创造功能的科目。 特别是在面向在职学员的硕士班里，与学生个人的社会经验挂钩，并且能结合个人情况进一步发展的方法论知识非常重要。 这种观点与明茨伯格（Henry Mintzberg）2006 年的论文中对美国式 MBA 课程的批评（脱离了在实践一线的体验）相一致。 在此容笔者顺带一提，所谓知识的磨炼就是把明茨伯格（1999）的"突现战略"（Emergent Strategy）的概念具体化的组织能力。

在本课程中，以组织创新所不可缺少的概念创造为主题，进行体验（实验、观察）与研究（理论）。 在越来越复杂、越来越难于把握的管理环境和全球化的经济、政治环境中，知识工作者必须具备构架假说的知识。 概念设计力意味着以实践知识为出发点的，看清全局的构思能力和概念构架能力。 让我们首先从概念原本的含义来分析这一问题。

什么是概念

无需赘述，概念不仅对商品和服务有重要意义，在远景规划和战略等各种层次均有重要的意义。 概念（concept）并不是一个装门面的关键词，根据社会学家帕森斯（Parsons）的观点，一个有概念的结构可以像一盏探照灯一样把新的意义和事实从黑暗中分离出来。 概念既有与事实暗中对应的要素（变量），又是一个综合的意义体系。 也就是说，概念是主意（ideas）的集合。

作为知识创造的概念设计

在最初，概念产生于有主意或有想法的个人或集体，而在经过了知识创造过程被正当化之后，对于企业而言逐渐成为新的知识资产。 也就是说，主意（观点）经过发展成为概念（语言），而当概念被表示为"理论（theory）"或模型时，则被社会（组织）所共享。 此时就通过产品、服务或战略被应用到实践中。

所谓理论，就是以 $Y = f(a, b, \cdots\cdots)$ 的直言命题形式（a，b 是变量）所表示的变量间的相互关系。 一个好的概念，就如同一个好的理论。 例如诺贝尔经济学奖获得者莫迪利亚尼（Modigliani）提出的消费者行为理论就是"消费行为（y）不仅取决于当时的收入，还取决于其终身收入（x）"（$x \rightarrow y$）。

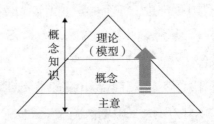

图 5-8　主意、概念和理论的关系

再举一个例子，某高尔夫球杆的概念是"某球杆能够打出符合自己情况的理想的击球轨迹（x），所以只有该球杆才打得出精准且最远的距离（y）"，这也是一个变量的关系（x

240

→y）。 无论是一个好的产品或战略，概念都有理论作支撑。这个概念能够让消费者或组织成员将其当作信条来理解，让消费者在看到商品前就被激起购买的欲望，或让组织的成员对实践战略怀有足够的信念（参见图5-8）。

概念设计的方法论实践课

我们可以对照知识创造的过程来思考概念设计（创造）的方法论。 在这个过程中，从观察和经验中获得的内隐知识（数据或创意）中提取变量，对其进行综合和体系化（理论化），并结合到实践中去。

在本课程中，根据上述意图借用文化人类学、社会学设计的实践习题，分成小组进行实际操作。

首先，由数人构成一个小组，设定出一个主题。 主题最好是可以适用于所有实践的对象（例如："地铁站内商业区"的服务的概念、地区共同体中的"知识中心"、"未来的书店"、"环保产业的商业模型"的概念等）。 然后，就按照知识创造的方法论对下列（参见图5-9）练习进行实践。

田野作业（社会化）：根据直接经验获得内隐知识。 有意识地在心里进行悬置、被动地综合（如实地感受，并任由其自动成形），注意避免习惯性地去主体分析解释。 在整个参与观察过程中做好田野调查笔记。 田野作业与文化人类学的调查一样，直接参与到不同文化中，站在亲身实践的角度从事观察记述。 近几年来，田野作业不仅局限在社会学的领域，也应用在市场营销、设计等方面，为获得革新性的见地

241

发挥着作用。

GTA（Grounded Theory Approach——扎根理论研究法）（从社会化到外在化）：此项是从数据归纳概念的方法论，在下文中还会对其详细阐述。 该手法首先以亲身实践观察得到的资料为基础，提取变量，作出范畴。 然后找出并研究变量间的关系，提出假说，构建理论。

制作原型（从外在化到组合化）：制作原型是设计的方法论，在该过程中同时进行头脑风暴，并把概念形成视图。 制作原型，就是要通过亲自动手建模来创造概念，这也经常被应用在软件开发中，通过初期阶段的试制品让用户参与共同开发。 再比如丹麦的乐高公司，以"Serious Play"（乐高企管智慧游戏，也被称为"认真玩"）的商标提供服务，通过使用乐高的积木玩具，帮助企业领导设计商业模型或确定决策。

并非所有的内隐知识都会转化为外显知识。 而且，内隐知识也不是轻易"看得到"的。 在清楚认识这一点的基础上，由内隐知识转换为外显知识可以采用对话、头脑风暴等方法，不过严密地讲头脑风暴更偏向于"连锁反应"，或更具有"联想性"。 与前者相比，这里所说的利用了 GTA 的一系列手法则具有"因果性"、"假说推理"性。 这里顺便一提，开发出头脑风暴的，是提倡团体动力学（Group Dynamics）的美国人奥斯本（Osborn），他在 1948 年提出了如下 4 项原则：

①Defer judgment（批判、讨论、判断放在后边）
②Freewheel（思想如天马行空）

242

③Strive for quantity（追求大量的点子）

④Seek Combinations（认同他人的点子）

讲故事法（内隐化）：故事、模拟。进行扎根于实践的陈述汇报。

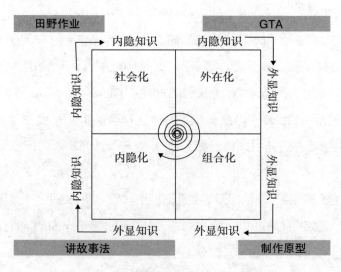

图 5-9　SECI 模型与各个方法论间的关系

扎根理论研究法（GTA）

在本课程中，在把概念设计作为知识创造进行实践时，最关键的是质性研究方法论（Qualitative Research Methodology），它可以弥补定量调查的局限性和问题，带来超出定量调查的效果。有些状态无法用数值完全体现出来，而扎根理论研究法则可以通过观察和倾听，一步步摸索出那些状况。下面笔者就选取有代表性的 GTA 的例子进行说明。

如之前所述，一个好的概念，会带有"好的理论"的性质。 不过这里所说的理论，不需要像物理学的定律一样，作为一条"普遍理论"去解释所有现象。 相反地，这里所说的理论只能在某特定业务的实际环境中（或面对某具体的对象），有效地掌握并综合具有整合性的变量间的因果关系。

GTA 是 Glaser & Strauss（1967）发展出的质性研究方法论，被认为是"典型归纳法"研究法，特别被定位成用于创造理论的方法论。 其他学者们仅以演绎的方式检验当时（20 世纪 60 年代）的社会学巨擘们的理论，Glaser & Strauss 对这样的研究手法提出了异议，试图确立根据实际在一线发生的情况创造理论的方法论。 即，GTA 对于如何解释"什么是理论"提出了疑问与反思。

他们所说的理论，不是先驱们所创立的普遍原理（他们称其为夸大理论，"grand theory"），而是紧密依靠于作为研究调查对象的一线和当事人的具体环境之上的"扎根理论"（grounded theory），目的在于发现现场中有用的变量间的关系。

Glaser & Strauss 把晚期癌症患者的护理一线作为观察对象，对于他们如何与护理员看待并理解死亡这一问题，提取出患者的死导致的"社会损失"和护理员的"职业沉着度"的变量，进而通过找出其间的关系（损失的正当化）进行"理论化"。 不用说，这样的"理论"对于当事人来说是极其有用的。 GTA 的过程，通过从实践一线或文献中收集质性信息，并对其"资料"化、"编码"（变量化、提炼概念范畴），以求利用质性资料构建出归纳性的理论。 在编码的过程中，对于资料要进行一边分别比较一边综合的工作，所以在日本，GTA也被称为"资料对话型理论化方法论"。

顺便说一句，所谓的"编码"（coding），在社会调查用语里表示给资料的项目编排号码（code），以实现资料的自动化处理（例如编排问卷的项目）。 而在 GTA 里，则更积极地表示生成归纳性的号码。 编码分为 3 个阶段，在概念化的过程中逐渐提高等级：

①把观察到的现象（田野笔记）进行解剖、形成资料，然后在总结资料时进行编排号码的工作（开放性编码）。

②相互比较编排的号码（编码后的资料），同时找到类似的一群，进行组合的工作（主轴编码）。

③进而，将总结好的范畴和各个概念作为"理论"一步步相互关联、结合（找出贯彻始终的因果关系）的工作（选择性编码）。

相对于普遍原理（grand theory）通过对理论的验证完成其操作，"扎根理论"（grounded theory）通过检验资料的抽样是否"饱和"来判断其工作是否完成。 所谓"理论的饱和"是指，在某一个范畴再没有新的或相关的资料出现，资料里的范畴已经发展得足够充实的状态。 当扎根理论进一步通过文献资料等定型化后，就被称为形式理论（formal theory），但其归根结底是基于归纳总结的理论，不是 grand theory。

实际上，GTA 也不仅仅是纯粹的归纳法，它需要具有询

245

证医学（Evidence-Based Medicine，简称 EBM）的精神，通过弄清来自实践一线的事实和证据把握实际情况，与此同时，跨越性地掌握其背后的构造和主要原因。 编码是一项对资料进行比较的作业，在这一过程中允许直观的推论（abduction，假说推理）。 虽然对资料的比较是最原始的方法，但其中包含了创新的要素。

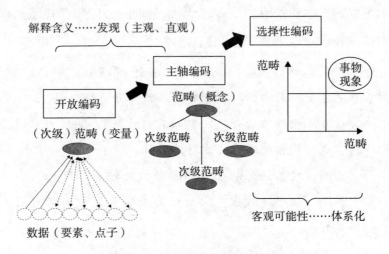

图 5-10　GTA 的编码过程的图解

在 GTA 的编码过程中，需要尽量保证从实践一线获得的资料的"鲜活"。 所以也用"in-vivo"（在活体内）这个术语来表示。 这种方法的妙处就在于，随着编码过程的进展，在田野作业中所感受到的世界会被一步步地、活生生地重现出来。 仅就笔者个人的体会而言，这种妙处是无法用 KJ 法等其他手法体会到的。（KJ 法多少就掺杂着分析的成分。）

假说推理装置

我们在运用 GTA 的同时，不能仅局限于此。 我们的目的是构建一个有魅力的概念。 构建假说所使用的装置（engine）是假说推理（abduction）。 实用主义的构思者、符号学家皮尔士提出逻辑推理除了演绎和归纳外，还有假说推理，并将其命名为 abduction，皮尔士认为假说推理最为重要。 假说推理是一种让说明性假说成立的创造行为。 皮尔士也将其称为"推测"或"回溯推理"（retroduction），即凭借自己的直觉，直观地感受或援引说明某种事物现象的理论。在开始进行这一推理时，必须具有摸索商业概念时的"想法"、目的意识。

这种行为归根结底是一种有着创新飞跃的洞察行为，其本质上具有创造性的归纳性格，即把若干个别的事实在肉眼（表面）看不见的维度相互联系起来。 归纳可以从某种被观察的事实中推导出同类的需要求证的事实，而假说推理则比归纳推理强大百倍。 夏洛克·福尔摩斯也擅长这种方法论。华生最初见到福尔摩斯时，因为被他猜出了自己的经历而大为惊异。 在此笔者把福尔摩斯的推理引用如下（着重号为笔者所加）：

"没有那回事。我当时一看就知道你是从阿富汗来的。由于长久以来的习惯，一系列的思索飞也似地掠过我的脑际，因此在我得出结论时，竟未觉察得出结论思考过程。但是，这中间是有着一定的步骤的。在你这件事上，我的推理过程

247

是这样的：'这一位先生，具有医务工作者的风度，但却是一副军人气概。那么，显见他是个军医。他是刚从热带回来，因为他脸色黝黑，但是，从他手腕的皮肤黑白分明看来，这并不是他原来的肤色。他面容憔悴，这就清楚地说明他是久病初愈而又历尽了艰苦。他左臂受过伤，现在活动起来还有些僵硬不便。试问，一个英国的军医在热带地方历尽艰苦，并且臂部负过伤，这能在什么地方呢？自然只有在阿富汗了。这一连串的思想，历时不到一秒钟，因此我便脱口说出你是从阿富汗来的，你当时还感到惊奇哩。"（柯南·道尔：《血字的研究》）

不必说，创造概念或培养战略构思能力都需要上述的假说推理。在提出假说后，重要进行综合与分析。当然，掌握假说推理或许要花很大工夫，但反过来说，正如 Glaser & Strauss 所意识到的，如果只凭借普通的理论式三段论（演绎）或狭义的逻辑思维，是无法产生出任何新知识来的。之所以这么说，是因为如果从一开始就利用三段论（演绎），就会走进思维的死胡同，认定首先要有结论——这种情况下产生不出优于备选项的新东西。被看作逻辑思维的代表的笛卡尔本人也说过，（理论）三段论"没有用、只能明确地阐述已知的事情"。而帕斯卡（Pascal）又批评笛卡尔"无用且不确实"。总之，要想创造出概念，是需要与之呼应的磨炼方式的：要先从实践一线进行假说推理，反思与综合，再以独到的视角进行一步步的演绎。

248

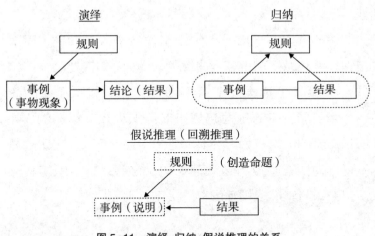

图 5-11　演绎、归纳、假说推理的关系

把本质上看不见的转化为看得见的

学习上述的方法论，对于在职硕士们来说，可以使他们每个人的第一线体现突破作为个人体验的局限，并形成知识体系，有效地构建出在其具体环境下保持有用性的理论（自己专属的理论）。

概念设计并不只是单纯的按部就班的操作。 在其背后必须有辩证的对话作为推动力。 不能忘记，知识的创造有其存在论的一面。 即除了"主意—概念—理论"这一认识论的维度，还需要有"个人—集体—组织"这一存在论的维度，即在延伸的空间中进行逐步综合。

这包括观察自我对话、与小组或团队对话以及与持各种不同见解的人士进行对话等。 归根结底，一切取决于如何看待现实（reality），这体现出了作为经验源泉的"场所"的重要性。

　　知识的磨炼既是每一个知识工作者个人的问题，同时也是组织以及超越组织的网络的智力问题。　知识社会中的组织形式，不像以往阶层分工组织那样存在霸权，在新的体制下，个体更加自律的行为起到革新组织和社会结构的作用，知识工作者的个人行为对整体产生作用。　所以，知识的方法论不是作为技能或技巧独立存在的，它首先是组织和社会的知识资产，与其形成相互依存的关系。

Chapter 6

第 6 章

艺术型企业具备的条件

在之前的章节中，笔者从以谷歌为代表的创新管理的领军集团出发，讨论了艺术型企业作为新的企业模型的意义及其方法论。那么，当我们重新从管理和业务、社会和市场的角度观察时，能看到哪些预示着艺术型企业出现的征兆？而最近我们所目睹的各种事物现象，及其背后涌动的更大的潮流和艺术型企业之间又呈现了怎样的关系？

　　知识设计的方法论的基本过程是，首先由发生于实践一线的明显的事例建立假说（假说推理），对其进行模型化和理论化（演绎），然后为检验其是否有效，再回到第一线通过实践确认出现的征兆，与此同时构建出产品或业务的实际形态（归纳）。

　　按照上述过程，作为全书的最后一章，本章介绍的内容相当于知识设计的最后操作，即对现实的重新确认。由此，在本章中笔者将在第 1 章到第 5 章内容的基础上，在兼顾总括

的同时对以下几个问题进行讨论：①消费者和顾客需要艺术
型企业的原因；②艺术型企业所处的全球化环境状况的特
点；③艺术型企业的组织与资质的性质；④艺术型企业的管
理实践的原则精神。

1　什么是人们真正想要的

新型消费者意识的兴起

如今，"创新"已经完全成为一个时髦的字眼。

无论是企业还是高层管理者都标榜创新，竭力提供革新
性的产品和革新性的服务。 然而他们实际提供的，大多数不
过是"商品"（日用品）。 如此状况的持续，其实早就被消费
者们看穿了。 有"附加价值"的商品归根结底就是日用品。
也就是说，只要不从供销商的理论（供应理论）中跳出来，就
算给一成不变的产品和服务贴上创新的标签，终究也不过是
以扩大供应规模、革新工序和提高效率为导向而已。 产品接
二连三地更新换代也是同样的道理。

消费者们潜意识里真正想要的，恐怕远不止如此。 他们
等待的是新的机会、新的希望以及新的惊叹。 创造一个新的
需求，其源泉正在于消费者的这种新的意识。 现代的消费者
的意识，已经大大不同于大众市场的时代。 他们的意识既是
全球化的，同时也重视内在的价值。 他们重视产品的哲学理
念，心中有一个和平与理想的社会形象，对环保有很强的关

253

注，并且拥有不会被市场营销简单欺骗的意识与品位。 考虑到现在我们所处的世界与社会的形势，上述意识的兴起也是理所当然的。 企业所生产的概念和产品必须有魅力，能与上述消费者的自我意识和思考（消费者意识）发生共鸣。

现在有越来越多人通过 YouTube 等网站，免费观赏网友们自制的视频。 如果只从表面分析这个现象，能看出来的不过就是因特网技术在不断发展，或不付费的多媒体内容在非法暗中流通等。 其实，在这一现象的背后，存在着消费者无法再从现成的规格化的多媒体中找到价值，以及多媒体内容市场不再能向消费者们提供满足他们潜在愿望和行为的工具和空间等理由。 像 BBC 打出"开放的 BBC"的旗号，从开发自家之外的多媒体内容中找出路，这么做的理由并不只是为了降低成本。

以生产重厚长大型产品为主的一些大型企业，也在追随创新运动的领军集团的脚步，大幅度地改变着航向。 比如一直以来被日本汽车压在身下的美国汽车行业的福特就是其中一例。 最近几年，该企业对产品概念进行了新的尝试，专心在设计上下工夫。 福特自 20 世纪 80 年代末推出 Taurus（金牛座）车型以来，就以"有设计精神的企业"的特点受到世人关注。 在 2005 年 9 月 21 日福特研究所的演讲中，CEO 比尔·福特（William Clay Ford， Jr.）提出要重新认识本公司的革新传统，并下全力通过技术与设计实现创新，并宣布要强化混合动力车的开发与销售。 其后为适应新的生命周期的变化，在 CUV（Crossover Utility Vehicle，跨界多用途汽车）市场领域推出了使用擅长生产的日本马自达（MAZDA）的平台制造而成的"锐界"（Edge）车型。

可以看到，福特的一系列努力正在逐渐奏效。 在 GM 仍处于停滞不前的情形下，一直以来相对而言不受好评的福特车却在 2007 年 10 月的《消费者报导》（*Consumer Report*）杂志评选的推荐车型名单里大大提高了名次。 而与之成鲜明对比的，则是一直以来位于不败地位的丰田出现了摇摆。 一直以来的畅销品牌"凯美瑞"（CAMRY）、新产品"雷克萨斯（LEXUS）GS"等部分车型的得分还不到平均分，被排出了推荐名单。 而且丰田出现的召回问题也在不断增加。

当然，在转换到创新管理之前，不是说不能在量的理论上下工夫。 然而，全球化的竞争的激励程度超出了人们的想象。 虽然越来越多的企业进军金砖四国的市场，但仍然有很多行业主要依靠在日本国内的销售。 所以，有不少企业延续一直以来的经营方式，并在一定程度上依靠着巨大的日本国内市场把当前需要解决的问题拖到了将来。 但是，以汽车产业为首，日本国内的市场正在朝着缩小的倾向转变，而与此同时，全球性企业进军日本市场的可能性也很高。 要说国内市场的参与壁垒高不可攀，其实并非如此。 在附加价值高，或有前景的市场，"进口型"的结构已经稳固下来，比如 IT 产业等。

当然，供给型产业不会消失。 只是，为了满足社会和人们的生活的新价值（终极目标就是幸福），必须把重心转移到创新型业务上。 向创新型业务发起挑战，这就意味着向艺术型企业转变。 只要转变不成艺术型企业，作为一个生存于创新经济时代的企业，就没有可持续发展的将来。

艺术型企业的基本概念，从 20 世纪下半叶起已经有专家开始倡导。 这一基本形式进入 21 世纪后渐渐成形，一步步走近我们的面前。 创造周期这一巨大的潮流已经开创了新的时代，艺术及审美等概念开始被人们看成是一个企业重要的资质。

"艺术型企业"是一个理念上的模型，所以实际上并没有哪个企业能满足所有典型的要素，然而，正如在之前的章节所阐述的，世界范围内已开始讨论"艺术公司"、"审美公司"等概念，毋庸置疑，这些会成为今后谈论企业时重要的关键词。

正如笔者反复阐述的，依靠技术一边倒的创新已经呈现了明显的局限性，只能从艺术的方向寻找创新的可能性。 对此，日本的企业应该尽早察觉并即刻行动起来——现在，这已远不是一句口号那么简单，需要付诸实践。

企业应具备的审美性

前段时间，"随身听"的开发人黑木靖夫先生（索尼前董事）刚刚过世。 黑木先生在世时，笔者曾几次去其办公室拜访交流，留下了愉快的回忆。 黑木先生曾经在一次采访中，

谈到哈佛大学的经济学家加尔布雷斯（Galbraith）时，这样
说过：

"当日本最强的时候，傅高义（Ezra Vogel）说过'21世
纪是日本的世纪'。而加尔布雷斯来日本演讲的时候却这样
说：'认为日本人能靠科学技术称霸世界，这种想法是错误
的。要说日本最欠缺的是什么，那就是艺术和设计。'其实他
说的不外乎是文化和软件。"

加尔布雷斯多次来到日本，每次都在承认日本潜在的美
学资质的同时，指出这恰好也是现代的日本所欠缺的。他预
见到了艺术的时代，并认为日本应该兴起审美产业。

"这个时期，日本需要重新审视战后经济取得成功的意
义。近代的产业经济一直应用的、衡量成功的标尺和进步的
标准已经慢慢失效了。日本今后应该走的路只有一条，那就
是转换一直以来的价值观，向全世界展示追求享受生活价值
的模型。"

加尔布雷斯之所以这么说，是因为他本人具有独特的视
角。为什么在今天，他的视角如此重要呢？加尔布雷斯不是
"新古典综合派"（这是一直以来经济学的主流），而是更加
传统的制度学派的经济学家，而正因为不是主流，也曾被视
为异端。然而，他的洞察在对市场经济持疑问态度的创新周
期的时代里具有重大的意义。

加尔布雷斯在其著作《新工业国》里指出，虽然生活的"审美维度"与经济性或功能性相矛盾，但应该优先前者。并且他提到，"在未来的某一天，在一个进步的社会，考验审美完成度的考试的数量会远远多于过分简单的生产性的考试"（根井雅弘：《故事现代经济学》）。

这也是日本方面一直以来提出的问题。前段时间过世的河合隼雄先生在2001年担任文化厅长官时提到的"文化与经济缺一不可"，"振兴文化才能自己把经济搞活"令人印象深刻。

上述有识之士认为必须创造有审美感的东西，这仅仅是他们作为一个企业人、一个经济人或一个文化人的一己之见吗？不用说，他们的思考视角甚至可以追溯到创新的根干中去。现在大多数企业仍然没有完全摆脱"作为供应商去制造"的套路。他们依据的是制造者的理论，即把创新看作是提供产品的附加价值，顾客"要求"什么，自己就提供什么（supply）。宣扬制造是日本的强项没有问题，但站在顾客的角度，他们又作何感想？站在用户的立场上，具体实现其对审美的要求和创新性的愿望，则是与上述观点完全对立的看法。

通过市场营销制造欲望，再满足欲望——这种量产时代的模式在如今已显得老气横秋。拿品牌来说也一样，有人认为品牌就是通过品牌所具有的魅力设定高昂的至尊价格，以此唤起消费者的购买欲望。这就是典型的站在供应商的立场生产制造的思维方式。 接二连三就有企业守着"品牌价值"或"企业价值"坐吃山空，结果最后出现了问题［雪印、三菱汽车、百乐满（Paloma）、不二家、赤福、船场吉兆……］。品牌已经不是挂在店面前的"招牌"或企业独有的财产（equity）那么简单的东西了。

　　特别是对于品牌，在 21 世纪的创新经济下真正重要的观点是，品牌是企业和用户共享技术和体验，共通创造出的知识，并且也是能够以此享受文化价值和社会价值的媒介。 这种看法来自于用户和消费者（生活者）一方本质上的要求。它不是以品牌形象为前提，而是以新的消费者意识为基础。也就是说，自我是什么、家庭是什么、人生又是什么——这种新型的消费者意识依靠的并不是一直以来企业对消费者抱有的先入为主的印象（即"消费者的消费行为是欲望和要求的表露"），其本质既是消费者自身在全球化的环境下对需要什么、什么状态最理想、生活中应该具备哪些内在的智慧等问题的思考，也是对消费活动和生活进行设计的生活哲学。

　　诚然，持有上述全球化的自我意识的消费者可能还不在多数，但有这种意识的消费者也发展到了发达国家之外的地方。 当然，或许大多数消费者身处在一个"欲望体系"中，但是，加尔布雷斯指出，人们并不是以自己的意志追求欲望，而是人为地被影响着。 他提出了边际效用递减规律，认为归根结底人们被企业的广告宣传所左右，甚至不自觉地去买那些原本不需要的东西。

259

这个理论认为在欲望的扩大过程中，欲望的重要性会减小。 也就是说，通过物品或服务的消费获得的满足程度，随着消费量的增加而减少，每多加一样商品，就减少一分满足。 所以要持续不断地制造欲望。 然而这种体系本身存在着局限性，也出现了不认同这种体系的消费者。

在这种情况下，就到了艺术型企业出场的时候。

社会、环境与人的关系是最终极的课题

创新本身必须以创造崭新的社会价值为目的，并为下一代人做出贡献。 站在这个角度来看，现在有一种叫作"社会服务业"的全新的产业和市场正在慢慢崛起。 现在出现了一些全新的社会基础设施，金融、医疗、信息、GEO（GPS 服务）、环境等领域和技术在此与爆发性的网络环境进行着融合。 这些基础设施产生出了多种多样的业务、服务、产品以及体验。

在这些产业中，人本位的服务作为媒介，融合了软件、硬件与知识。 在此，界面成了顺利运作的关键。 这是因为，系统变得越复杂，对信息和知识进行综合并向我们展示出来的设计能力就变得越重要。 下面我们来看一下通过设计把复杂的信息变得简洁明了的案例。 这就需要实施"体验设计"，以实现"因为复杂，所以要简单化"的目的。 这种设计所带来的社会价值是极其巨大的。

例如，交通和通信等是一个复杂的社会体系，所以险情

信息传递的设计就越来越重要。 关键是要设计出感受并发出
弱信号（weak signs）的结构，以使人们形成对险情的认识。

至 2004 年止，日本的铁路事故长期处于减少的倾向。 然
而，根据在此之前的数据编辑出版的 2005 年度《国土交通白
皮书》则指出，"最近事故、冲突不断发生，国民对运输安全
的信任产生了动摇"。 并且在当年，接连发生了 JR（Japan
Railway）西日本福知山脱轨事故等 4 起重大事故。 事故件数
比前一年增长了 16%，死伤人数比前一年增加了 105%，高达
1358 人。

这些事故给我们的教训是，一些重大的事件会打破一直
以来的倾向和人们的常识，在某一时间突然惊现在我们面
前——只是，其出现的征兆总会在事前以某种形式显现出来。
可以说，对于住在城市里的人来说，对于这种不确定性的感
性认知，是必须具备的能力之一。

一直以来，列车的延误（运行异常）信息通过 LED 屏幕
以文本的形式提供给乘客。 在车站内当发生问题时，由于信
息提供不足，很容易发生接二连三的麻烦。 站内工作人员在
乘客的反复询问中保持沉着冷静是非常重要的。 而图 6-1 中
所表示的信息提示系统，以现有的信息资源为基础，在车站
检票口附近通过路线图的方式显示延误信息，虽然其形式还
有待完善，但它直观地联系起了延误产生地点和影响的范
围，使乘客在极短的时间内获得信息。

要想让人们清楚、简单地理解越来越复杂化的系统，只

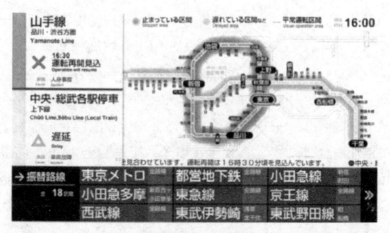

图 6-1　JR 东日本的突发状况信息提示（荣获 2007 年优秀设计大奖）

注：图片提供：日本产业设计振兴会。

靠过去人们所使用的工程学手法是不够的，一定需要科学与艺术进行同心协力的合作。　在开发过程中，设计师们从起步阶段就参与到整个系统的规划设计中来。　通过 JR 东日本的研发人员与日立制作所设计总部的设计师们之间的交流对话，以及具体的实地考察和原型制作，设计一步步发展成形。

正向上面所介绍的一样，现在的社会越来越需要"以人为本的设计"，然而实际上"说起来容易做起来难"。　这么说是因为，在这种设计的背后，最终极地，需要不断以实现更优质的社会为目标，即需要不懈地追求能创造出可持续发展的社会的企业的理念和远景，以及需要真诚的品质（第 3章）。　也就是说，企业所提示出的价值的质量高低，关系到业务的持续性与效益。　在社会服务业领域，设计固然是实现价值的重要手段，而与此同时也需要考验这个企业的品格和

262

伦理道德。 设计诚然成为了与今后企业管理的根干紧密相连
的主题。

现在，在不断提倡设计运动的潮流中，如果设计还停留
在肉眼看得见的层次，那么即使能够带来暂时的差异化，也
终究抵抗不过日用商品化的压力，无法持续地生产价值。 设
计面临的课题，在于能否通过品牌、提供解决方案、体验设
计等以人为本的"软件知识"，改变日本企业的发展方式。

2　全新的知识城市经济的时代

被人忽视的资产——生态资产

接下来让我们把目光投向宏观。 尽管知识资产（社会知
识资本）、自然资产都是对产业活动、企业活动而言极其重要
的资源，但一直以来都没有被反映到企业的资产负债表上。
然而知识无法与社会的生态系统（ecosystem）相分离。 笔者
将二者合称为"生态资产"（ecocapital）。 在生态资产也必须
写到资产负债表的时代里，"自然"和"知识"就成了管理的
对象。 可以说，这就是艺术型企业的基础。

不用说，只有把握住生态资产，企业的活动才成为可
能。 只要制造产品，自然资源就会以某种形式被消耗。 而与
此同时，企业的员工如果优秀，则是他的父母和教育工作者
辛勤培养的结果。 因此，理所当然的，企业必须不断努力，
确保稳定获得上述资源。 幸运的是，生态资产是可再生的

资源。

　　然而，现在的企业管理偏重于金融资本方面。虽然重视股东的利益是最基本的，但这并不一定等于只重视金钱利益。而另一方面，企业的伦理道德问题已经超越了"企业对人（社会）"的传统框架，甚至扩展到了"人（企业）对物"、物品背后隐藏的自然、物品形成的社会环境与人的范围中去。

　　如今，必须把"自然"和"知识"放在同一平面进行思考，这种状况已经出现在了我们的眼前。例如，要满足知识工作者的工作与生活的协调，就涉及他们上下班和在家工作的问题，而这又联系到了交通系统的问题和环境的问题。也就是说，必须用生态资产的视角思考问题。

　　现在，全世界的城市人口正在飞速增长。根据联合国人口基金（UNFPA）发布的《2007年版世界人口白皮书》，2007年的世界人口总数达到了66亿人——在20年时间里人口增加了16亿。而且，2008年世界总人口66亿的近半数——33亿人将成为城市居住者。观察地球的人口分布会发现，虽然一直以来农村地区要比城市地区多，而自几年前起几乎颠倒了过来。城市人口在2030年将膨胀到49亿人。据预测，其中80%将集中在亚洲、非洲等发展中国家密集的地区。

　　随着人口逐渐涌入城市，工业化社会中所看到的"城市对自然"的对立关系即将土崩瓦解。而与此同时，城市型和郊区型的对抗概念也在慢慢消失，出现的是"巨大城市"或

264

"绿色城市"等以全新的价值联系起来的城市网——城市化已
经是无法避免的全球化现象。

伴随着城市的变化，城市与自然的关系也朝着新的方向
一步步转变。 自然融入城市之中，城市和自然将不再呈对立
的关系。 因此，"要避免城市人口爆炸，就要阻止农村人口涌
向城市"的偏见最好早日抛弃，而应该大胆地转换思路，尝
试农业的城市化、都市与农村的结合等。

知识型城市

在这样的时代里，现在越来越多的人对"知识型城市
（knowledge-based city）"的概念表现出强烈的关心，知识已
经成为世界经济的驱动力。 而这就是艺术型企业登上世界舞
台的背景。

英国在当时的首相布朗（Brown）的带领下，大举研究知
识经济下的成长与竞争，在到 2009 年为止的 3 年时间里投入
了 150 万英镑。 这项研究从对知识经济下定义开始，讨论了
研究开发、财政体系、公共服务等多方面和多角度的题目。
不仅各个政府部门支持，劳斯莱斯（Rolls-Royce）、默克
（MRK）、微软、普华永道（PWC）等也都是这项研究的赞助
商。 除了英国，北欧各国、韩国、中国等多个国家和地区也
都在积极地努力，力图早日转变为知识经济。 在这样的知识
社会经济下，包括发展中国家在内，城市中有创造力的人群
的集团以及有关知识的基础设施就成为了经济发展的源泉与

265

基础。

比如芬兰这样的小国实施的革新发展也是其中一例，而对我们来说还有些神秘的阿拉伯世界也在扩大行动，例如在2002年联合国教科文组织的支援下重建了亚历山大图书馆，并以此为根据地，铺开了全球化知识的网络（http://www.bibalex.jp/index.html）。 2005年，关于"知识型城市"的国际论坛在沙特阿拉伯的圣城麦加举行。 主办方是阿拉伯城市发展研究所（Arab Urban Development Institute），举办目的在于呼吁向阿拉伯世界的城市地区充实智力活动和智力人力资源。

构成知识型城市的核心是城市的创新型知识工作者们。成为一个"知识型城市"，需要具备一定的条件。 即必须具有丰富的、能够提高创造力的、并帮助知识工作者进行网络型业务的要素，比如研究开发、知识网络、信息环境、文化的多样性和城市基础设施等。 满足这些条件的城市，在欧洲有巴塞罗那、萨拉戈萨、曼彻斯特、都柏林、代尔夫特、埃因霍温、赫尔辛基、斯德哥尔摩、慕尼黑等。 代尔夫特作为这样一座知识型城市，与鹿特丹和乌德勒支一起形成了阿姆斯特丹的大城市区域圈的一环，在那里所进行的研究开发受到了人们的关注。 而西班牙的毕尔巴鄂也是一个典型例子，该城市邀请法兰克·盖瑞（Frank Gehry）在此设计了古根海姆美术馆（Guggenheim Museum），把曾经以钢铁产业为主的城市重塑成一个文化城市。 而亚洲的北京、上海、新加坡，阿联酋的绿洲城市迪拜等也被看作是即将崛起的"潜在知识型城市"。

知识型城市发展的背后是现代的企业组织的变化。 企业已然不是由阶层构成的单元格的集合（组织结构），企业（经济）活动本身就是一个有机的网络，横跨城市，甚至松散地与虚拟空间联系在一起。 说得更准确些，整个城市就像"大脑"一样在运作。 因此，实际的设施以及作为服务机构的办公室都不过承担着整个组织的极小一部分任务。 不过虽说如此，说得极端一点，像第二人生的会议室一样，如果身处一个完全不需要物理空间的虚拟空间，也会让人透不过气。 由英国的建筑设计策略顾问公司 DEGW 主导设计的、欧盟委员会的研究项目"分散型工作场所"，就是一项积极主动地采用办公室的城市化、城市的办公室化以及由此产生的城市的知识化的提案。 要想实现"分散型工作场所"，就需要一个能综合各种要素的全新的工作场所的概念，对此笔者将在今后另行阐述。

汇集城市的知识与智慧，创造艺术型企业

知识型城市的兴起给以我们怎样的提示？

首先从宏观来说，这说明了以国家和地区为基点的经济模型（即以民族国家为基础的国家经济），正在向全球性市场国家型经济转变。 但是，这种情况下，比起整个国家而言，不如说是与企业活动紧密相连的城市成为了经济的主要单

位。 比如，虽然大多数日本人都认为中国是一个巨大的市场，然而却不知道中国存在很多城市市场。 或许很多人还以为中国大部分是农业地区，然而实际上，人口多于北九州市、仙台市的 100 万人的大都市日本有 10 个，而中国则有 93 个。 此外，东京和首尔也是超大型都市。 全球化经济就是一个个"城市市场"（city markets），说的就是这样的状况。

知识型城市兴起的意义在于，仿佛古代地中海世界的城邦国家一样，知识型城市间的网络超越了国家界限，形成一个个经济圈。 也就是说，知识工作者已经网络化，并仿佛以全球脑（global brain）化的城市空间为根据地一般，对经济活动进行着重新构造。

谈到城市市场经济，欧洲一体化堪称典范。 其核心理念的 "多元主义（pluralism）"，超越了整齐划一的全球一体化。 正如古代埃及的城市亚历山大在被称作希腊精神的思潮下实现了东西方多元化的融合一样，知识型城市就是能够兼容并包多种知识的场所。 现在的亚历山大市重新修建了新亚历山大图书馆（列入世界遗产候选名单），为该地区的知识型城市化做出了贡献。

另一方面，从微观来看，知识型城市的崛起告诉我们，城市的建筑本身，必须发挥前所未有的重大的"知识作用"。也就是说，打破办公室的框架，如何设计出"工作场所"是今后越来越重要的问题。 之所以这么说，是因为用户们所期望的，不是用来处理信息或开会的办公室，而是一片"作为从

268

事学习、创造知识的'场所'的空间"。 这块"场所"不能仅限于 IT 和交流沟通的技术，必须具备软件上的要素，可以创造出适合思考地球环境问题和制定地区的信息战略的各种智慧。

整个地球一步步化身为城市与城市间的网络，即借助知识型城市的力量向全球经济转变——这股潮流实际上正变得越来越大。

在之前的章节介绍的谷歌、苹果等引领创新经济的企业自不待言，LVMH（路易威登·酩悦香槟·轩尼诗）集团等欧洲企业、日本的技术型中小企业，或者大型集团企业等超越国界，把知识资产的网络作为业务基础的组织正以各种不同的形式崛起。 仅看亚洲地区，在东京、大阪、仙台、九州、首尔、北京、上海、台北等各城市，联接企业和大学、研究机构和人才的科学和技术的人际网络正在不断扩大。 这些对于日本来说应该也是最重要的知识防线。 反过来说，如果没有这样的网络，则会增加日本的知识外流、人才不入的现象，导致日本拥有的潜在技术能力底子不断薄弱。

换一个角度来看，知识型城市的作用就是把周围正在逐渐兴起的新力量联接起来。 城市培养创新型人才，并不断形成一个创新性组织的网络。

然而另一方面，在现实的城市环境中，由于城市人口的急剧增加导致了贫民窟的产生、出现了非法居住区并且产生了诸如 BOP 的低收入群体和暗中活动的非正式经济等。 从孟买到乌兰巴托，城市周边的景观与市内大相径庭。在乌兰巴托的周边，原本只能在放牧区看到的蒙古包也把这里围得拥挤不堪。而这也不过是实际情况的一小部分。而另一方面，日本、德国和西班牙等国家的人口却在不断减少。所以也有人认为，应该从正面积极看待上述现象，将其看作是整个地球的实际问题。

从 20 世纪 60 年代到 70 年代，《全球概览》（*The Whole Earth Catalog*）为以婴儿潮时代为首的全世界的年轻人的意识变革发挥了极为重要的作用。该杂志的创始人斯图尔特·布兰德最近曾这样说：

> "城市的非法居住者恐怕都是充满机智并能够不断生产出来的。从一个集合的角度来看，他们是现实世界的主要建设者。因为他们会越来越多地从事形成 21 世纪城市和经济的工作和创新活动。那些试图维持一直以来的正轨经济的人们，无论是谁，都会在某处与他们打交道，伸出手并渐渐地能够参加到他们的世界中去——由此最终势必会改变整个局面。"

微型企业

20 世纪是大规模组织兴盛的时代。而德鲁克也曾经说过，知识社会是组织的社会。一直以来，企业从个体发展为组织，并进一步发展为大规模组织。但是在今天，个体的网络重新开始强力地牵引起知识社会。这并不意味着社会重返个体的组织，而是这样一个模型：具有主体性的个体们身处于（却不从属于）一个更巨大的网络和体系，同时进行相互间的联接、生产并传递创意和知识。 艺术型企业的基本单位就是身为个体的知识工作者以及他们所处的网络。

现今已经出现了小规模企业及其网络推动经济发展的现象。 例如，布莱福曼（Ori Brafman）和贝克斯特朗（Rod Beckstrom）（2006）以音乐产业为例分析这一现象。 在 19 世纪末时，演奏家、街头艺人、作曲家等音乐家作为一些个体而独立，而在第二次世界大战之前，随着广播和唱片业的崛起而形成组织，后来到了 20 世纪末，全球五大唱片公司和音乐家组织进一步集权化。

然而，上述的潮流随着 Napster 服务的参与而发生了巨大的改变。 现在，音乐家们直接用 P2P 等形式向歌迷们提供自己的作品，再一次开始形成以个体为单位的网络，由此音乐行业的格局开始重新调整。 比如爱尔兰出身的摇滚组合 U2，除了利用既有的多媒体内容流通渠道，还帮助 iTunes Music Store 进行单首歌曲的销售和下载，为 iPod 的普及发挥了重要的作用。

再如，任何人可以自由编写的网络自由百科全书维基百科（Wikipedia），是由非营利团体维基媒体基金会（Wikimedia Foundation）设立的。 维基百科不含有任何广告和付费服务，运营资金全凭捐赠，内容的撰写和编辑全部由全世界的志愿者完成，其人数仅英语版就超过了 2 万人。 另一方面，主办方的基金会仅由极少数的几人（6 人）构成。

271

唐·泰普斯科特（Don Tapscott）在其著作《维基经济学》中，从维基媒体的这种做法中得到启发，描绘了创新管理时代的组织（开放性、对等操作、共享、全球化的行动）。 书中提到，维基百科作为一个"维基工作场所"，解放了人们的能力。

在欧洲，中小型企业（Small Medium Enterprise，简称SME）才是经济的中心。 在欧盟的 25 个国家约有 2000 万家SME，占整个经济的99%。 欧盟最近注意到大多数创新都由这些 SME 创造出来，在制定支援他们的知识产业政策上下了不少工夫。 SME 可以具体分为从业人员小于 10 人的"微型企业"，不超过 50 人的小型企业以及不超过 250 人的中型企业。 其中微型企业相互依赖支撑，整体形成一个生态系统进行经济活动。

在日本，独立承包人（Independent Contractor，简称 IC）等自由的业务订约人正在逐年增加。 根据独立承包人协会（日本）的介绍，在美国已有近 900 万人的 IC 活跃在各个领域之中。 当"团块世代"（指日本战后的第一个生育高峰期即 1947 年至 1949 年期间出生的人。——译者注）大批退休后，他们之中拥有丰富的知识和经验的人们，以个人为单位，在保持与生活间平衡的同时，想必也会不断增加与企业接触的机会。

微型企业的活跃是全球性的动向。 在 BOP 里，微型企业也发挥着极其重要的作用。 世界银行援助的 NPO 项目"Af-

ribike"就是其中一例。 通过这一项目，可以在向非洲的村落
社区捐助自行车时，加入修理技术训练课程，让当地的主妇
们通过骑自行车进行零售等形式开展小本生意，其发挥的重
要作用引起了人们的关注。

可以说，微型企业的兴起将极大地改变一直以来以大型
企业为中心进行管理的思维方式。 人们需要全新的组织机
制。 现在日本的大多数企业，由于组织内部的调整、权力竞
争、业务部门间非合作性的关系等导致存在大量看不见的成
本。 笔者认为，诸如在企业内部成立微型企业或近似微型企
业等，发挥小人数组织所拥有的网络中枢的特性而施行变
革，是解决上述问题的有效手段之一。

3 组织汇集知识的质量决定创新的产生

汇集智慧与知识，引发革新

关于艺术型企业，本书一直未对其组织做过多介绍。 但
正如上文所看到的，企业组织的变化会带来新的律动。 对艺
术型企业而言，丰富的知识储备是关键。 自然地，这也成为
所有企业组织的课题。

知识工作者的网络结构不是均匀的，是一个动态体系。
其中一个模型就是"小世界网络（Small-world Network）"。
当我们感叹"这个世界真小"时，大多时候是因为得知"朋友
的朋友"竟然也是自己认识的熟人——这种网络状态就叫作

"小世界网络"。 在这种网络中，从某一个节点（联结着其他人的人）到其他的节点，只需要极少数几个中转点。

这种特点也是通气性良好的组织等具有的特征，即人群（簇）易于聚集，同时簇与簇之间的联接也通畅。 这种网络的特性越高，组织汇集智慧与知识的程度（质量）也就越高、越充裕。 这样的组织易于创造出智慧与知识。

也就是说，那些在组织的内外存在多种知识，并且对这些知识的可及性（accessibility）高的企业容易引发创新。 换句话说，那些能够充分利用集体智慧、"汇集知识的质量"高的组织会在今后逐渐成为卓越企业的典型。

组织的知识资产具有"社会资本（social capital）"的特性。 要想酝酿组织的知识资产，社会和组织的网络结构就是重要的基础。 同时，在形成这种资本的过程中，组织和社会信任感等要素会带来巨大的影响。 也就是说，知识的质量的优良与否非常重要。

这不仅限于企业的组织，比如国家作为一个共同体，平等性越高就越容易实现创新。 图6-2显示了在欧洲各国的共同体内部，表示经济差距大小的"基尼系数"与创新指标的评价值间的关系。 该创新指标是欧盟于2000年在里斯本召开理事会后独自开发的，该图告诉我们，共同体的平等性（顺便一提，经济差距与知识差距相关联）明显影响了创新的多少。 特别是瑞典、丹麦、芬兰、瑞士等地区的社会差距较小（当然其整体的经济水平也很高），这直接关系到了知识资产

的增加，并带来了更多的创新。 说到底，能够进行自由思考
的人与人之间的相互接触，孕育了社会性的创新。

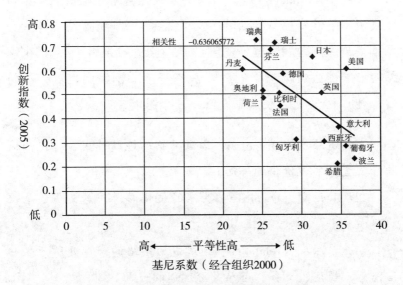

图 6-2　欧洲各地区基尼系数与创新指标间的关系

这张图中，美国显得多少有些异常。 这是因为，相对于
欧洲各国的创新多以"民生创新"为根本，美国"军事创新"
的比重很大。 如果我们要以和平的民生创新为目标的话，那
么共同体的知识平等性就是必不可少的要素。 说起来，之所
以成立欧盟，其目的正是为了不再上演第二次世界大战的
悲剧。

另一方面，令人遗憾的是，日本的基尼系数年年持续增
高，根据某项统计，在经合组织中仅次于美国和英国。 仅就
这张图来看，导致社会差距拉大的日本正在慢慢失去创新的

275

条件。 一提到创新，人们往往会想到向美国学习，然而如果心中装着世界和平的念头，就应该首先向欧洲学习。

戈沙尔（Sumantra Ghoshal））等人强调了知识资产（具有社会资本的性格）与创新间的密切关系。 创新就是在解决一系列集合性问题后引导新的创意所得到的成果。 因此，在组织内形成社会资本对于创造知识资产（即创新而言）必不可少。 他们认为社会资本具有以下 3 个维度：

①构造维度（structural：通过网络的连结作用，知识如何进行配置并实现价值的一面）。

②认知维度（cognitive：共享的文化符号、意义、故事性的一面）。

③关系维度（relational：通过成为网络的一部分所产生的信任感、规范、义务、个人身份辨别的一面）。

在此基础上，戈沙尔认为，社会资本对创造和共享组织知识产生影响，有以下 4 点关键因素：

①与进行知识资产的结合与交换的集团接触；

②期待通过结合与交换知识资产，带来价值；

③每个个人希望结合和交换知识的动机；

④组织能够根据外部环境的需求而自我改变的能力。

也就是说，社会资本的构造维度、认知维度和关系维度分别对管理资源的结合与交换产生影响。 因此，跨越现在、

276

过去与将来的时间、市场间的联系就成了非常重要的因素。并且，一个具有多样性和平等性的组织，如果易于接触各种各样的知识（以多层次、非正式的网络为基础，品质充实的知识），则能够引发创新。 容易引发创新的组织，以"人"为单位成长壮大，而其组织结构也并非来自阶层性的设计，而是以有机的网络为基础。 当然，这就是艺术型企业的特性之一。

在这种网络的支撑下知识资产得到共享，企业由此创造出新的未来。 一个企业面向未来进行前瞻思考的能力，以及其思考是否能够实现，均取决于组织所拥有的成体系的智力和智慧。 企业越是拥有丰富的知识资产，就越能够根据不同状况能动地创造知识，因此创新和持续发展的机会也就越大。 可以看出，在诸如软件、制药、汽车及家电市场等知识资产对整个收益起重大作用的行业里，其资产的大小与利润的增长直接相关。

图 6-3 的模型显示，企业或组织的知识资产即汇集知识的质量带来新知识的突现，从而在结果上吸收了环境的不确定性、实现可持续的发展。 笔者根据这种模型，设时价总额中知识资产比例为 1－（有形资产 ÷时价总额），将其与几个行业进行了对照。 比如制药业就是能看出这种关系的产业之一（参见图 6-4）。

但是有一点希望各位读者注意：知识资产的"大小"，并不是像一个数据库那么简单，只要信息越多或者包括内隐知

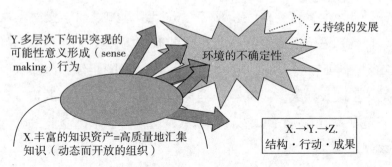

图6-3　知识资产在几年后获得回报

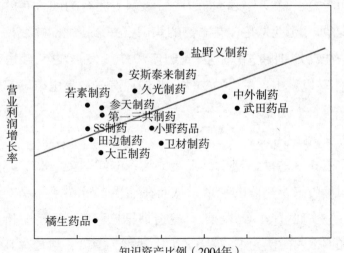

图6-4　知识资产与利润的增长(以制药业为例)

过去(2004)的知识资产比例与现在(2006)的营业利润增长率间的关系

注：营业利润增长率用对数表示，取自《日经会社情报》数据。

识在内的过去的知识越多就越好。 有时候这些知识反而会对
创新起反作用。 重要的有两点，一是要有能够便捷地接触多
种知识的网络的特性；二是对知识的关注要有明确的方
向性。

一个组织如果只集中了众多拥有丰富知识的人，或积累
了过去大量的经验数据，都不会引发创新。 要成为一个拥有
丰富知识资产的企业，需要具备一定的条件：组织能够高质
量地汇集知识，并且在未来规划、思路及创新上有明确的方
向性，更进一步需要有将上述具体实现的领导能力（绀野，
2007）。

未来中心：调动组织知识资产的中枢

能否积极地在组织内汇集知识，设置各种不同的引发创
新的"场所"非常重要。 实际上，在艺术型企业这一概念之
下，正不断涌现出各种新的尝试。 在希腊语里，topos 意为
"场所"，亚里士多德认为 topica 是"讨论的场所"——而
topica 正是英语"话题（topic）"一词的词源。 一个具有创新
性的组织，就可以看成将良好的场所作为 topica 聚集形成的。

以荷兰政府为中心，由"未来中心（Future Center）"开
展的一系列活动，就是一个进行全局化尝试的好案例，它试
图有意识、有组织地把上述"场所"所拥有的知识资产进行
归纳、表露，并实现其表达功能。 未来中心的方案，最初是
由利夫·埃德文森（Leif Edvinsson）提倡的，他在最开始时制

作了一份瑞典保险公司斯勘地亚（Skandia）集团的智力资本报告书。 1995 年，未来中心由该公司在斯德哥尔摩郊区建成实现。 在未来中心，"智力资本、知识资产"会计的主要目的并不在于通过外部观察或数据化掌握知识资产，而在于活化极为人性的要素（特别是创造方面的因素），以实现企业的知识创造和创新，是一种崭新的尝试。 具体来说，未来中心是知识运作过程的场所。 因此人们的目的是形成一些无法在日常的组织中培养的关系，以此作为社会资本。 未来中心化为了"中枢"和"杠杆"，帮助人们获得、共享、创造和传递新的创意。 与此同时，未来中心也为政府部委一类的官僚组织实施自我变革，发挥了"集贸中心"的作用。

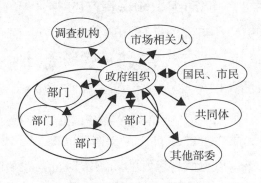

图 6-5 未来中心的定位

现在，仅在荷兰国内，包括内政部、社会·雇佣部以及运输水利管理部在内，已经有 6 处同样的未来中心（2005 年12 月为止）。 除荷兰外，在丹麦经济部和英国等地区也展开了同样的尝试，截止到现在欧洲地区已有 20 处。 这些未来中心都成了引发地区创新活动的触媒。

图6-6　荷兰内政部的未来中心 ACADEMIA

　　笔者所走访过的未来中心，大多数装潢都极具个性，每一个的设置和环境布局都非常有利于激发人的创造力。 未来中心的特征如下：

　　①首先是一个"出结果（形成知识创新循环）"的场所。
　　②刺激五感（把意识切换为脱离日常的模式）。
　　③会议空间在硬件上设置得合理、灵活。
　　④在软件方面需要有"场所的领导角色"，如"场所培养人"（cultivator）、引导师（facilitator）等。
　　⑤要求具备辅助场所培养人、引导师的功能、设备和

281

工具。

⑥既是小组合作的场所，也能进行个人的工作（设置集中区域）。

⑦充实的图书馆功能、对外部的联网功能。

（以上资料参考荷兰的运输水利管理部未来中心的听证会。）

重视知识的传统

要想提高知识资产或组织汇集知识的质量来引发革新，就必须加入"传统"的因素。 这里所谓的传统，并不意味着从以前的时代继承下来的事物，而是能够生产并继承丰富的知识资产的实践性活动。 换句话说，不是从自古就有的事物中找寻意义，而是把丰富的知识网络的质量，以及知识网络生机勃勃的脉动状态作为文化来继承。 因为这样的组织传统才能实现知识的创造与综合。

"内隐知识"（tacit knowledge）的概念出自匈牙利的物理化学家、科学哲学家波兰尼，他认为社会要维持知识资产，必须形成社会性的"思维共享"。 波兰尼指出了社会知识运作过程的重要性，认为"生物化学家、医师、书画商人、纺织行业从业者等人的专业知识有一部分确实是从教科书本上获得的，但这些书本知识如果不通过五感实际训练，则派不上一点用场"。 并且他认为，社会和文化的各种制度正是为此而形成的。

我们可以举例来说明这点：在制造业，比如拥有造纸知识的传统共同体，为了传承其内隐层次的知识，在生活、仪式和祭祀活动中创建了独特的文化。比如用纸制成的工具和玩具、关于造纸的民谣舞蹈和传说故事等，这些事物和方式通过一代代人的切身体验，传播着知识。

或者，同样地，企业为了传承创业者的内隐知识（精神及远景规划），时而会包括创业者的个人思想在内，建立起一个独特的组织文化。这不仅限于历史悠久的企业。笔者在第 1 章也曾讲到，对于谷歌这样的新兴企业来说，以文化形式来继承创业者的理念及哲学同样是一个重要的课题。相反，也有很多企业徒有悠久的历史，却丧失了其自身的传统。

波兰尼接下来又提出，绘画和音乐等艺术文化（比本书所指的艺术更为狭义的艺术）对于社会来说是"上层的知识"。也就是说，对于社会而言，高层次的知识通过艺术的形态得以保存维持。艺术不但是高品质的文化生活，更是较日常的生活文化的源流。

当把文化看作是社会、市场与顾客的知识的形态体现时，对于企业获得与共享知识而言，文化就可以成为知识的重要触媒。也就是说，对于那些原本是内隐的、潜在的市场知识，可以借助文化这一媒介来掌握。

一种具体的方法是，通过文化活动等充实顾客和社会的行动来掌握知识。而另一种方法是，通过企业自身提高对文化的理解和认识，把握顾客的需求和价值观，创造出组织所

283

拥有的知识资产、促进创新的循环。 为此，企业需要树立有远见卓识的文化，或提出以文化理解为基础的理念，并且要深挖市场知识，在与顾客的共同理解下，创造出新的知识与价值。 对于企业而言，这有可能成为除了市场需求和向消费者提供的新技术、材料或服务之外的第三种价值源泉。 如上所见，传统与创新（创造社会知识）就是这样联接起来的。

来自传统的创新

企业必须清楚地认识到自己是作为"文化知识资产"的生态资产的"联合创造者"，并在此认识的基础上考虑自己今后的道路。 以此为前提，才有可能实现可持续发展。 反过来说，只要企业的目的摆脱不了企业中心主义，那么作为社会和文化的一员的组织成员和顾客就不会再认真地参与进来。 没有了他们的真诚参与，剩下的就只有在金钱上刺激他们了。

已经有越来越多（虽然发展速度还很缓慢）的企业和经营者在上述认识的指导下，不再单纯追求利润。 就结果来说，巨大利润的产生，其背后首先要有社会和文化知识的积累——在一小部分管理者之间，已经确确实实地形成了这种理解与认识。 或者说，那些亲眼目睹了近代工业资本主义产生的传统企业，虽然不够全面，但自然而然地产生了上述的认识，并且这种认识以经营理念等形式被继承下来的例子并不少见。 就像现在的美国一样，企业与社会并不是相互对立的概念。

例如美国的强生（Johnson & Johnson）或 3M（Minnesota
Mining and Manufacturing Corporation，明尼苏达矿务及制造业
公司），或者在日本，如由大原总一郎发展起来的可乐丽
（Kuraray）、由福原信三创立的资生堂等企业，均以顾客至
上、重视环境保护、积极开展造福社会活动而闻名。

以发明"即时贴"（post-it）而知名的 3M，其实也是一个
"传统的"创新企业。 在迎来创业一百周年的 2002 年，在题
为《创新世纪》的纪念刊物中，他们回顾了以往走过的创新
之路和创新者的奋斗史，并总结了一代代传承下来的知识体
系。 在 3M，知识和理念通过技术员联席会等半正式的组织得
到继承。 3M 的技术最早源于黏合剂的技术，这恰好像一棵
生命系统树一样，在自身发展的同时，通过与不同领域的横
向联系不断引发出新的创新。 而在创造出丰富知识的基础之
上，由技术人员纵横交错构成的半正式的网络就成为了保证
组织的知识资产丰富而充实的机制。 所以，3M 不断地引发
创新并逐步实现了可持续的发展，都可以看作是其组织高质
量地汇集知识所带来的结果。

专栏：资生堂：日本传统的艺术型企业

传统与革新是一对相辅相成的概念。正因有传统，所以才产生革新。

然而，把目光投向日本，就像笔者反复阐述的，还没有看到创新的发生。这与日本人向来不重视自己所拥有的文化和传统的力量不无关系。为了引发创新，我们应该重新认识到，依靠生息在我们自己体内的传统是非常重要的。

作为为数不多的尊重传统的企业事例，让我们来看看资生堂（SHISEIDO）的历史。

资生堂自创业以来，同时注重西欧文明与日本本土的文化，以极大的热情（passion）在生活中创造出艺术，并一直把艺术带给崇尚美好的女性，是文化创新企业的典范。

从大正时代（1912—1926 年）末起，开始兴起注重艺术表现的风景照，昭和（1926—1989 年）初期风景照的艺术趋于成熟。而资生堂的第一任社长福原信三（1883—1948 年），就是代表了这一时代的一位摄影艺术家。

资生堂的发展，在很大程度上倚靠了当时的领导者福原信三的管理，他不但在摄影和摄影理论上走在时代最前沿，同时又有游历欧洲的丰富经验。福原信三制定了"资生堂五大主义"，其后也成为了资生堂的企业精神。"资生"意为"万物诞生"，其父福原有信诞生于中医世家，同时意在发扬西方药学，将东方与西方的精神融入"滋生"二字之中。在此基础上，福原信三于 1921 年制定了"资生堂五大主义"——"品质本位、共存共荣、消费者、坚实、德义尊重"，以此作为"业务革新上应铭记于心"的态度。

福原信三作为摄影艺术家，提倡新的绘画主义，他在 1923 年（大正十二年）发表的文章《光与其谐调》中，把摄影定位为刹那间的艺术。并且以非职业摄影师的身份，设立了日本写真会（1924 年），在日本的摄影界留下了重要的足迹。1923 年出版了他的第一本作品集 *Paris et la Seine*（巴黎与塞纳河），是一本用长焦镜头抓拍都市风光的写真集。

福原信三的父亲福原有信（1948—1924 年）生于安房（今天的日本千叶县），是活跃于明治（1868—1912 年）到大正时期的实业家，在幕府医学所学习医学后于 1871 年（明治四年）担任海军医院药局长，并于 1872 年（明治五年）年在东京的出云町（今天的银座 7 丁目）开设了日本第一家西式药房，也就是现在资生堂的前身。1897 年（明治三十年），资生堂进军化妆品行业。福原有信除了资生堂之外，还创立了日本制药、帝国生命保险（今天的朝日生命）、内国制药等企业。

其后福原信三担任了资生堂化妆品公司的第一任社长，虽然他是家中的三子，但由于长子病弱、次子英年早逝，所以事实上从小被家里当作嫡长子来培养。他从十几岁起学习日本画、水彩画和油画，并早早对摄影产生了浓厚的兴趣，14 岁时就成为了业余摄影团体东洋写真会的会员。1906 年（明治三十九年），福原信三从大学的药学系毕业后留学美国，在哥伦比亚大学药学系学习，并于 1910 年从该大学毕业。在结束美国留学后的回国途中，他前往欧洲，并在巴黎逗留了一段时间。无论是作为企业选择设计方案，还是作为企业资助艺术活动，福原信三都走在了时代的最前沿。其根源或许就与其在欧洲游历的经历有关。在欧洲，他与画家川岛理一郎结交，从西欧美术上受到了强烈的震撼。自此之后，资生堂与艺术的关系就越来越密不可分。

在福原信三回国后，他被任命管理资生堂药房，随后在 1916 年（大正五年），于银座 7 丁目创建了资生堂化妆品部。在新公司里，他亲自参与产品的开发、橱窗的陈列以及商标"花椿"（中文意为"山茶花"）的设计。1919 年（大正八年）开设了资生堂艺廊（Shiseido Gallery），或介绍年轻作家的作品，或举办山茶花展，并积极收藏艺术品。

图 6-7　资生堂粉底海报

注：资生堂的设计来自于当时先锋的画家和设计师的创意。（左图）川岛理一郎设计的粉底海报（1926 年）；（右图）山名文夫设计的资生堂九色蜜粉（1932 年）。（资生堂企业资料馆藏）

与此同时，福原信三作为摄影艺术家，与音乐评论家太田黑元雄等人以尝试新的摄影表现为目标，成立了"写真艺术社"，并创刊了杂志《写真艺术》，同时他发表于杂志上的艺术论《光与其谐调》对日本的非职业摄影师产生了莫大的影响。其影响之大难于在今天想象，东京美术学校教授森芳太郎甚至在 1923 年（大正十二年）发行的《写真新报》7 月刊上写道："福原信三君的《光与其谐调》几乎席卷了整个摄影界，这是不争的事实。"福原信三既是一名摄影师，也是一位摄影理论家。他试图把当时的摄影提高到艺术范畴的高度。虽然他不是职业的摄影师，但身处摄影作为媒介的黎明时期，其主张不在于追求艺术摄影（偏向绘画的摄影），而在于建立起独立的"摄影艺术"。反过来说，这恰恰是当时照相馆的职业摄影师们所做不到的。在此之后，福原信三担任艺术摄影团体日本写真会的第一任会长，常年来为指导后起之秀做出了贡献。

然而，1923 年（大正十二年）发生的关东大地震给福原信三和资生堂都造成了巨大的打击。他在欧洲摄影留下的大量胶片，以及书籍全部没有留下，几乎毁于一旦。然而，他凭着超人般的活力着手重建资生堂，修建了资生堂的临时店面，并在地震后几个月内恢复了营业。

当时正好是摩登男孩、摩登女郎流行一时的年代。资生堂在经历过大地震后，逐渐成为昭和初期的文化中心。1927 年（昭和二年），资生堂公开上市，福原信三成为公司的首任社长。1928 年（昭和三年），随着化妆品部新店铺的建成，原药品部经过重整翻修，作为 "资生堂 Parlor" 餐厅重新登场。店铺采用新文艺复兴 样式的装潢风格，在建筑的内外都施以路易王朝风格 的蔓草花纹装饰。餐厅的 1 楼是店铺，在 2 楼则设有画 廊。餐厅里甚至有歌剧包厢，一时成为社会关注的焦 点。该餐厅推出的咖喱料理与中村屋、阪急百货店并驾 齐驱，备受好评。当时的日本社会流行 "rich"（奢华、 富丽）一词，而福原信三在不停留于肤浅品味的原则 下，用心确立起的 "资生堂风格"，正是对这个词的最 好诠释。

　　资生堂的市场营销在当时的日本是最先进的。随 后任资生堂社长、也是战后参议员议员和日本妆业会 理事长的松本升（1886—1954 年），在 1917 年（大正 六年）接受福原信三的聘任，担任资生堂的经理，率 先采取了按定价销售的连锁店制度。此外，更让人佩服 的是，他率先发挥了新媒体的优势，比如为了直接向顾 客们推广讯息，发行了好比今天的宣传册的对开版小 报《资生堂月报》。自不待言，这样的一系列活动为资 生堂带来了巨大的资产。

　　资生堂艺廊举办摄影展虽然只持续了一段短暂的 时期，但在二战前为山本丘人及须田国太郎等当时还没名气的新人举办过个人展，着实成为了当时"新秀作家崭露头角"的场所。到了二战结束后，艺廊也继续开展"山茶会"和"现代工艺展"等独自的艺术活动，在 1990 年之后也一直推出现代美术的主题展览。

资生堂在 1989 年把"资生堂五大主义"发展并总结为企业理念、使命和行动规范。并且于 1997 年，在此基础上以实现 CSR（Corporate Social Responsibility，企业社会责任）管理为目标，提出了 The Shiseido Way（资生堂企业行动宣言）。

4　实践艺术型企业须具备的思想
——可能主义的实践（Practice on Possibilism）

组织的意义形成能力

当分析艺术型企业的组织时，"眼力"，或者说对未来的预见能力，或许可以算做一项重要的资质。每个组织在自己所处的环境下，在进行活动的时候形成意义。一个企业如果想积累高质量的知识资产，就必须持续不断地做到"好的意义形成（sense making）"。

Sense making in Organizations（《组织的意义形成》）的作者卡尔·维克（Karl E. Weick）认为意义形成（sense making）

的意思就是，搞明白、不留疑问、作出有意义的东西。 这也
就意味着，组织要积极主动地处理好自己与环境之间的关
系，通过这一过程能动地培养出把握世界不断变化的感觉。
组织面向未来，主动去理解并形成自己在未知的世界生存的
意义——这就是意义形成。 这一概念的很大一部分与波兰尼
所说的内隐地理解的行为（tacit knowing）相通。

　　"意义形成的素材可以从线索、框架、连锁中找到。 研究
意义感知的人必须理解意识形态、第 3 层控制、范式、行为理
论、故事，当这些中的任意两项以有意义的方式联系起来
时，意义形成的瞬间就降临了。"（*Sense making in Organiza-
tions*）

　　也就是说，维克所理解的"组织"，是一个"形成意义的
体系"，在一个不得不处理含糊、不确实、具有多层含义的信
息的环境中，组织的成员们对于自己所亲眼看到的现实的真
实性，必须不断地相互交换思想，弄清楚如何处理才正确
（妥当）——组织就要建立在这样的认识之上，不管它的具体
形态如何。 维克所提倡的意义形成，依笔者的一己之见，有
如下几个要点：

　　①在未来，自己应该是什么样子（自我认同）；
　　②从未来回顾，现在是什么样子（回顾）；
　　③认识发生变化，联系到行动上；
　　④由社会的相互作用（"场所"）而产生（并非纸上谈
兵）；

293

⑤决策的过程才是本质；

⑥有所发现，找到线索非常重要；

⑦合乎道理的程度：重视假说的态度。

对于①"自我认同"，不得不再次提到苹果：从计算机企业转变为音乐内容服务企业，他们在对自己公司定位时依靠的并不是表面的东西或属于什么行业等分类的思维，自己就是自己。 但反过来看，通过这样的方式，他们的身份变得非常鲜明。 也就是说，要思考"将来我们公司会成为怎样的公司"。 而②"回顾"式的手法则是要思考，"假设将来我公司取得了成功，那么究竟具备了哪些条件"。 通过这样的思考，开展质疑并重新构筑核心竞争力。

一个企业的战略，如果不关系到未来，就没有任何意义。 对自己公司过去所采取的战略再怎么念念不忘，那些终究只能当作次要的参考材料。 然而在实际当中，经常能看到很多公司提出的战略在重新验证过去的动向。 过去的趋势不能保证创造出未来。 所以这种情况下，对于那些以不确定性的存在为前提，暂时描绘出所有可能性，同时试图在现场根据实际的情况灵活地实现价值的企业而言，上述意义形成的能力就是必不可少的。

当然，也不排除出现错误的意义形成的可能（先入为主、独断、不考虑消费者需求）。 所以对于企业而言，持续不断的、"好的意义形成"是必不可少的。 因此远景规划和环境分析（environmental scanning）等实践非常重要。 不过需要

294

注意的是，意义形成不存在普遍的理论。 在此可以通过代入
知识创造过程得到系统的理解。 在不确定的环境中，要想
（面向未来）能动地实践意义形成，关键在于调动起知识创
造的过程。

可能主义的管理

企业是共同创造社会价值的一员，所以企业产生利润原
本靠的就是社会、文化知识在背后的不断积累。 因此，企业
的社会意识越高，就越能够在从事活动时展望将来的世界、
社会、市场以及顾客的变化。

笔者在之前的章节中一直阐述，在这样一个时代里，应
该重新重视德鲁克所举出的"真诚"，而知识设计是一项具有
创造无名特质的产品或业务的有效的方法论。 这不仅意味着
生产物品，同时更是在"名为物，实为事"的平台上对组织的
知识资产进行综合的行为。 笔者要再次强调，这种观点不是
"从物到事"式的二分法，而是放在同一层次下进行思考。

不过，真诚并不意味着死盯在核心竞争力上。 与其从内
在要求真诚，更需要具备展望未来的真诚。 例如"集中做好
眼前的事"或者"重新构建品牌"、"重返生产一线"等，都
是防守式的战略。 当然，这样的战略也有其合适的场合与时
期，然而问题在于其背后进行思考的态度。

无论是稳定的企业还是飞速成长起来的企业，太多情况
下看不到将来会与现在（由常规战略描绘出的）有很大的不

295

同。 于是难以摆脱单一的世界观，背离市场和顾客，最终遭遇自我毁灭的危机。 同时这也是一项机会成本，随着社会和经济不断变化，不确定性越来越大，企业也越来越需要从过去的世界观脱离出来。

这种切换成"固步自封模式"的企业战略，很像透过单反相机看到的构图。 也就是说，单反相机虽然能够准确地决定构图，但与此同时，既没有了摄影艺术的创造性，也缺乏"随性的趣味"与动感。 而与之形成对比的则是旁轴相机，它虽然是当年莱卡处于优势时期的形式，但这种相机适合抓拍，能够目不转睛地追踪被拍摄的对象，随时拍摄出眼睛所看到的情景——这是一种能够发挥摄影师创造性和想象力，创造即兴要素的相机。

然而，一般的战略都像单反相机一样，描绘决定好的构图。 而且，跟单反相机一样，也无法忽视拟定策略与实行之间的时间延迟。 单反相机从决定好构图（按下快门）到实际拍摄的过程中，内部的反光片会有一瞬间的上下移动，在这一瞬间就有可能错过想要拍摄的内容。 战略本来就不应该是拘泥于单一世界观的知识，但当今大多数战略的核心都是"计划"或者"分析"。 虽说应该事先准备好防备计划以备突发的事件，但单一聚焦式的思考却成了制定战略的基础。这也存在别的原因。

比如时下非常流行 ERP（Enterprise Resource Planning，企业资源计划系统）和 CRM（Customer Relationship Management，客户关系管理）等手法和工具。 诚然这些都是有意义的，然而制定计划的人害怕战略"偏向"的危险，只为求稳，宁愿追随流行的观点。 但结果上，则导致了在战略上，以及最终在管理上出现了"日用商品化"的问题。 所谓战略，本质上就是要与竞争对手"拉开差距"，因此，类似单反相机的单一聚焦的战略很难体现战略的本质精神。制定战略就必须像旁轴相机一样，能够吸收容纳未知的因素。

之所以这么说，是因为创新经济的时代没有了行业间的界限，即将到来的新世界仿佛一个生态体系，所有的要素相互关联，一起产生变化——而这也是笔者一直阐述并强调的。毋庸置疑，在这个新世界里，需要我们具备灵活的智慧，即"非确定性"的思维方式。 一般来说，企业这种形式总想通过分析自然而然地找到确实可靠的终点，即具有所谓的"确定性"导向。 例如，在市场分析、拟定战略计划、对核心竞争力下定义时，首先规定出行业的范围，然后根据市场和自己公司现有的内部资源推导出结论。 实际上，这种思考过程本身就带有确定性的特点。

例如，迈克尔·波特（Michael Porter）的战略论就尝试提出一个严密的战略体系。 但是，分析越严密，企业就越容易被一元性战略的世界观所束缚。 然而，在现实世界中，既做到成本领先，又实现差异化的日本企业和美国企业是层出不穷的。

297

表 6-1　确定性手法 vs 非确定性手法

确定性（deterministic）手法	非确定性（indeterministic）手法
· 认为"将来发生什么都取决于事先的初期条件" · 而且外部环境可以分析（把不确定性解释为危险、概率性事件） · 因此，只要分析自我和外部环境，就能自然地推导出战略	· 认为"人的意志和行动由自身决定，不由其他外在原因决定" · 只是，外部环境充满不确定性，具有很多"未知的未知"（超越概率论的领域） · 因此要像艺术一样，在灵活对待不确定性的同时，创造性地确定想法
重视原理原则、演绎的理论	随机应变、假说推理
单一聚焦	多点集中
· 分析→解释→验证（→实行 execution）（制定缜密的计划以避免失败） · 分析、计划与执行分离 · 终点是目标（goal）	· 假说 → 综合 → 实践 → 反思（reflection）（尽早从小的失败中总结更多的经验） · 大家一起建立假说并执行（计划与执行互不分离） · 终点是目的（purpose）
· 不确定性代表偶然事件（contingency） · 预测变化，采取"应对"、"守备"的态度	· 不确定性是"变化的出现"（emergence） · 在吸收变化的同时进行自我改变的态度（可能性追求主义 possibilism）

　　我们如果过分拘泥于理论，则可能忽视关键的事情。 我们在未来的"可能性"才是最为重要的。 正如戈沙尔所强烈批判的，如果只限定在波特的"五力分析"框架里，就无法在战略中反映出基于人性的自由意图和选择。 归根结底，无论是战略还是政策，都是我们思考的产物（概念）或模型。 如果只采用确定性手法，就无法完全看透实践第一线的情况和市场的本质。 现实世界混沌一团，充满了不确定性，实际上

既多姿多彩又动态十足。 在这种情况下，固定化的模型只会
带来与现实的背离。

我们需要采用"非确定性手法"，即作为假说多考虑几种
未来的选项，为随时都能产生的可能性留出余地。 这种手法
也与未来主义、多元主义（pluralism）的观点一脉相承。

很早以前，就有"追求可能性主义"（possibilism）这一概
念。 积极运用这一概念的，是美国的经济学家阿尔伯特·赫
希曼（Albert Hirschman）。 他把这种理念应用在了发展经济
学上。 这种理念认为，利润和发展的预见才能带来竞争
力——而这仅靠分析是得不出结论来的。 虽然基本的想法是
相同的，但可能性追求主义以现实中的多样性和动态为出发
点，由此成为解决问题和创造知识的基础。

在确定性手法中，不确定性被认为是以现在为基础的概
率性的"随机事件"，要随时准备好应急计划。 然而，在非
确定性手法下，不确定性则是市场中"出现的变化"，同时也
是机遇。 这首先需要看透变化的本质，不为当前的"最新资
讯"或趋向信息所迷惑。 在追求可能性的组织里，战略永远
与实践保持同步，或者说不得不使其保持同步。 在确定性手
法中，战略要经过（分析）拟定后方能付诸实施，因此战略与
执行是分离的。 然而在可能性追求主义的手法下，战略与执
行不可分割，正因为如此，在全部成员共同参与的知识创造
过程中，假说与实践也时刻相伴。 可能性追求主义发挥本领
之处也正在于此。

299

5 艺术型企业需要具备的十大条件

不确定性越高，相反，决定性的战略就越失去其效力，而基于博弈论或概率论的危机管理也无法处理的未知领域也会以等比级数的速度增大。 在这种情况下，人类所具有的创造性地确定想法的特点和判断力就派上了重要的用场。 幸而在我们的身后有美学或者哲学、基础素养（包括历史等在内的人文科学）等源远流长的知识作为支撑。

艺术型企业是从根源上解放人类所拥有的潜在能力（构想力、创造力、实践力）的组织形式。 与科学不同，它要在"艺术"的维度中具体实现——这就是艺术型企业的模型。

当然，艺术型企业终究是一个概念，只是一个所谓的"理想类型"（ideal type）。 然而，正像当年的马克斯·韦伯提出"官僚制"作为理想类型，并由此阐述社会的意义和问题一样，艺术型企业作为概念有几个优点：比如，通过模型可以看到企业理想的形象，也可以展开批判，还能清楚了解不足之处和必须改进的地方。 在此，美学的作用就是以人性的观点为技术找到社会角度的意义，以及帮助进行企业伦理的判断。

在本章的最后，回顾全书，笔者将成为艺术型企业需要具备的十大条件总结如下：

①与社会共同创新——创造大量的机会，与拥有崭新意识的顾客、消费者、合作伙伴、企业共同创新。

②较之技术更重视人性、较之结合更注重综合——硬件、软件、服务（商业）的三位一体。意识到创新不是技术革新，而是人类集团引发的设计创新（innovation by design）。

③设计无名特质——运用知识创造的方法论或模式语言等，共享自己独特的知识设计方法论。

④重视生态资产——通过自然资本和知识资本获得繁荣。

⑤真诚的品格——在管理理念上站在社会、客观的角度进行有情感的思考和行动，并将这种方式作为组织活动的基础（良好的生产制造带来心灵上的回复）。

⑥作为组织拥有充实的智慧与知识——尊重知识多样性，包容多样性能够丰富组织的知识资产。

⑦尊重有情感的个人、重视个体间形成的网络的力量——理想的组织要有团队能力、有利他精神、鼓励并启发组织中的每个人不断实现自我超越。

⑧重视传统与文化——重视美学、哲学等人文科学，重视智慧的传承。

⑨积极进行组合，并培养组合活跃的环境——创造"场所"（topic＝topos），营造进行创新对话和评价的环境。

⑩制定可能性追求主义的战略——以多元主义为基础，追求长远的利益，采取非确定性战略。

后记

　　时间：2007 年初夏的某天。地点：六本木，东京中城（Tokyo Midtown），优良产品设计大奖第 1 次评审会场。日本企业以优质的设计而闻名，这次也汇集了众多高水平的候选对象。笔者本人虽不是设计师，但因为在知识管理的范围内多年来从事设计管理的研究和实践，有幸几次担任优良产品设计大奖的评委，得以重新了解日本的设计师以及设计产业的实际情况。

　　对于该奖项本身笔者不敢妄自评价，不过不仅限于优良产品设计大奖，此类奖项的共同特点在于：对于物品的外形和视觉效果，固然非常重视其美感和外观，然而外观的意义逐渐降到次要的地位。而与之相对，企业和作者如何发挥设计的长处，如何创造出更新的价值成为了审查的重点。优良产品设计大奖设置的"新领域设计"这一部门就是重视新价值的一个体现，这个奖项面向创新、环境保护以及社会活动等"无形"企业和组织所做出的"无形"努力，颁发"设计奖"的奖励。这个奖项的审查重点不在于技术，而是站在社会和文化的角度对参赛作品进行评价。

通过参与该奖项的评审，笔者了解到一点：虽然投资设计是非常有效的，然而能够真正有效地运用设计的企业还不多，而且，仍然偏向于对物品的设计。从全球范围来看，对于今后引发创新、确立竞争优势以及保持可持续发展，设计已成为必不可少的智慧——因为在世界一步步前进的方向中，创新性掌握着关键。不过笔者认为，新的设计既不是我们原来观念里的老设计，而且在这种意义上来看，设计的作用实际上已经超出了制造业的领域。

那么，日本的企业可以具有创造性吗？答案是肯定的。

场景切换到品川高层建筑群的一角，就近可以看到东京湾。这一天有在职研究生的课程。在利用周日时间开的领导才能上的课上，设有一个实验环节，让学生们用黏土把自己作为领导的展望落实成形。这种类型的课程在欧美也受到关注，以"乐高"积木闻名的乐高公司就为培养企业的领导提供专门的积木和技能。但凡上这种课的时候笔者也会请来美术大学的老师协助授课。学生30多人，有企业人、风险企业管理人，还有金融交易商、大企业的前任领导等，他们身份不一，而一个个创造出的作品其创新性令人惊叹。大多数企业都没有调动起企业成员的创新性——要是每天都能产生出这些创新该多好，笔者为此不禁感到遗憾。

303

设计既有"知识方法论"的性质，同时也有"制造出的物品和外观"的一面，然而前者变得越来越重要。这不仅限定在设计师的职能上。然而，那些"不从事设计的设计师们"的潜能还没有被唤醒。更关键的在于，每一个个人的素质固然重要，而能否发挥出创造性，组织营造环境与场所的能力则会产生更重大的影响。斯德哥尔摩大学的德·蒙特豪克斯教授把企业比喻成"剧场"，把管理分为了两类：一种是只对资源（演员）进行排列组合的高效的管理（剧场），另一种是让演员不断互动从而生产价值的创新管理。只对成分进行排列组合没什么意义，需要做到超越物品排列的事情，即追求艺术。只追求高效化终归会达到限度。而且二者拉开的差距很难弥补。

然而，在另一方面，现在这个时代是感情廉价出售的时代，人们可以轻松地通过视频、照片或游戏等接触到各种多媒体内容，以此购买并享受体验。体验和感情仿佛被切割成一小块儿一小块儿卖给消费者。而与此呈鲜明对比的，则是人们越来越不把感情或情绪带进生产（工作）的第一线，企业也给员工们带来了心理的疾病。而受其影响，在家庭中也出现了茧居的问题。

德国的哲学家海德格尔早在20世纪上半叶就对人类的零部件化（物品化）和机械化现象敲响了警钟，主张人们重返作为人的本质。而恐怕80年代之后急速发展的全球化和信息化更加促进了人类的机械化。

304

　　为了让人们重归为人，必须重视审美的、有感情的、以及先验的洞察等要素。这种视角也有助于进行知识设计。我们离不开物品（人造物），而与此同时，在扎根于现实的社会广度下对其进行理解和不断的综合，以求重新找回身为人的本质。

　　在知识设计的实践里，最为重要的是团队和组织的热情。或许有的读者会说："说来说去，看来到底还是要取决于人嘛。"创造出设计的工具或技巧固然也很重要，然而设计关系到如何预见社会和未来、如何整理复杂的业务情况、如何向市场和顾客提供产品等问题，所以只要当事人不作为主体衷心地参与其中，就不可能做好设计。不过所幸那些具有美感的事物没有放在暗箱里——蕴含在看得见的工具和操作步骤内部的"方法论"，以及美学、哲学等"人类智慧"的根源，都会成为帮助我们创造美的力量。

　　笔者曾在拙著《美德的管理》中阐述，知识社会中的管理学理论，大体上应该从以经济学为基础的理论，过渡为融汇了各种知识（哲学、人文科学、人类智慧等）的理论。站在这一角度上看，艺术型企业以不同于以往的方式发挥设计的作用，可以说是一种企业应有的生存方式。同时笔者也认为，在艺术型企业工作，或许多少要比在传统类型的企业开心一些。

东方出版社助力中国制造业升级

定价：28.00 元

定价：32.00 元

定价：32.00 元

定价：32.00 元

定价：32.00 元

定价：32.00 元

定价：30.00 元

定价：30.00 元

定价：32.00 元

定价：28.00 元

定价：28.00 元　　　　　　　　定价：36.00 元

定价：30.00 元　　　　　　　　定价：32.00 元

定价：32.00 元　　　　　　　　定价：32.00 元

更多本系列精品图书，敬请期待！

畠山芳雄"管理的基本"全系列

定价：32.00 元

定价：30.00 元

定价：24.00 元

定价：24.00 元

定价：21.00 元

定价：20.00 元

定价：26.00 元

定价：19.00 元

定价：26.00 元

定价：29.00 元

定价：20.00 元

定价：20.00 元

定价：19.00 元

东方出版社更多精品图书　敬请期待！